Prefazione

Immagina di osservare due bambini giocare spensieratamente sulla spiaggia. Sono immersi nel momento presente e sorridono mentre raccolgono conchiglie ed ascoltano il suono delle onde del mare.

In quel momento, sono in totale connessione con l'Universo, senza alcuna preoccupazione per il futuro o rimpianto per il passato. Questa è l'innocenza originaria e la capacità di vivere pienamente nel presente e sono liberi da condizionamenti esterni.

poi è accaduto qualcosa…

Noi eravamo quei bambini ma quella Felicità non tornerà mai più: e crescendo entriamo in contatto con la società e le sue aspettative. Cominciamo ad essere influenzati dalle convinzioni e dai valori dominanti, che ci allontanano dalla nostra natura autentica.

Una pluralità di fonti ci insegnano cosa è giusto e cosa è sbagliato e cosa è il successo e cosa accadrà, finendo per plasmare la nostra percezione del mondo e di noi stessi.

Condizionamenti Involontari

I condizionamenti non sempre avvengono in modo intenzionale o consapevole. Sono il risultato di un processo graduale, in cui veniamo esposti ripetutamente a certi stimoli, messaggi e modelli comportamentali che modellano la nostra psiche senza che ce ne accorgiamo. Questo processo di condizionamento ci allontana sempre di più dalla nostra spontaneità e autenticità originarie.

La Perdita della Connessione

Uno degli effetti più deleteri dell'ipnosi collettiva è la progressiva perdita della connessione con l'Universo.

Man mano che ci immergiamo sempre di più nel mondo materiale e delle sue convenzioni, perdiamo di vista la nostra vera natura e la nostra interconnessione con tutto ciò che esiste.

La Mente Come Prigione

Questa progressiva perdita di innocenza e connessione porta alla formazione di una sorta di prigione della mente. La nostra percezione diventa distorta, filtrata attraverso le lenti della *cultura e della società in cui viviamo. Diventiamo prigionieri dei nostri stessi pensieri, vincolati da convinzioni limitanti e schemi mentali rigidi che ci impediscono di vedere oltre le illusioni del mondo materiale.*

L'Ipnosi Come Strumento di Controllo

L'ipnosi collettiva agisce come uno strumento di controllo sociale, mantenendo le persone all'interno di determinati schemi comportamentali e di pensiero che servono gli interessi dominanti della società. Ciò che una volta era spontaneità e libertà diventa conformità ed obbedienza involontaria, mentre la nostra capacità di pensare in modo critico e creativo viene soffocata.

La Necessità di Risvegliarsi

Tuttavia, c'è speranza. Anche se l'ipnosi collettiva sembra tenere saldamente in pugno la nostra mente, è possibile risvegliarsi dalla sua presa. È necessario un atto di consapevolezza e un desiderio sincero di riconnettersi con la propria natura autentica. È un viaggio interiore che richiede coraggio, determinazione e una profonda ricerca di verità.

Il Potere della Consapevolezza

Il primo passo per liberarsi dall'ipnosi collettiva è diventare consapevoli del suo funzionamento e dei suoi effetti sulla nostra vita. Dobbiamo imparare a osservare i nostri pensieri e comportamenti senza giudizio, riconoscendo quando siamo influenzati da condizionamenti esterni e quando agiamo in base alla nostra vera essenza.

Rompere le Catene

Una volta che siamo consapevoli della prigione della mente in cui siamo intrappolati, possiamo iniziare a rompere le catene che ci tengono legati. Questo significa sfidare le convinzioni limitanti, esplorare nuove prospettive e abbracciare la nostra unicità individuale.

Significa anche prendere il controllo della propria vita e fare scelte consapevoli basate sulla verità interiore anziché sulla pressione esterna.

Capitolo 1:

Schiavi Dell'ipnosi Collettiva:

Come Si Diventa Prigionieri Della Mente

***

Nel caos della vita, siamo spesso inconsapevoli della prigione invisibile in cui siamo intrappolati: e ci muoviamo inconsapevoli nella prigione della mente.

Le abitudini si susseguono irripetibili come rituali ancestrali ma di cui non conosciamo la provenienza esatta e lentamente (ma inesorabilmente) perdiamo il contatto con la nostra essenza primordiale e diventiamo prigionieri della nostra stessa mente.

Alle volte capita però di fermarci a pensare frasi del tipo "ma è tutto qui?" oppure potrebbe accadere che un malessere interiore e di cui ignoriamo la provenienza esatta ci suggerisce che "qualcosa non va" e sono proprio questi i segnali che dovremmo imparare ad ascoltare (e comunque) puoi stare sicuro che il medesimo malessere si ripresenterà (puntualmente) e quando meno te lo aspetti e non se ne andrà e fino a quando non avrai risposto alla chiamata: ma quale chiamata?

Devi considerare che l'Anima non può comunicare con te attraverso gli SMS ed è disinteressata a facebook e non conosce neppure le raccomandate ma conosce solo un modo per comunicare con te (ovvero) ti sta chiamando attraverso il malessere.

E se preferisci puoi sostituire la parola "Anima" con inconscio o con la parola Sé oppure Daimon e vocazione ma non è importante il nome che assegni al mittente del messaggio ma è importante che comprendi che ***"c'è un messaggio per te"*** in ogni malessere o senso di disagio ed è probabile che c'è un viaggio che devi compiere e non potrai rimandare all'infinito questo appuntamento.

Anzi: prima ti incammini in questo viaggio e prima la tua Vita acquisterà di significato e non c'è bisogno di diventare mistici o rivoluzionari o di stravolgere la propria vita (anzi) tutto può rimanere com'è oppure tutto può cambiare ma (finalmente) sarai tu a decidere.

Ma prima dobbiamo riannodare i fili della vicenda e dobbiamo ammettere che fin dalla nascita, siamo immersi in un mare di influenze esterne che plasmano la nostra percezione del mondo.

La famiglia, la scuola, i media e la società insinuano (a nostra insaputa) il complesso di credenze e valori che disciplinano e condizioneranno la nostra vita e ci viene insegnato cosa "è giusto" e cosa "è sbagliato".

Nel vissuto-tessuto della nostra esistenza, siamo avvolti da innumerevoli fili di influenze e che poi diventano i fili della nostra stessa vita.

Fin dalla nascita, siamo immersi in un mare di stimoli esterni che plasmano la nostra percezione del mondo. Questi fili sono tessuti da famiglia, scuola, media e società, e agiscono su di noi e poi diventano i "nostri" fili del nostro pensiero ma senza che ne siamo consapevoli.

La famiglia ci trasmette valori, credenze e tradizioni. Cresciamo con le loro storie, i loro pregiudizi e le loro aspettative.

Questi fili familiari ci avvolgono e ci proteggono ma anche ci condizionano.

La scuola è un altro filo importante del "tessuto sociale" e del nostro "tessuto-vissuto" e qui apprendiamo conoscenze, ma anche modelli di comportamento e norme sociali.

I nostri insegnanti, i compagni di classe e l'ambiente scolastico contribuiscono a formare la nostra visione del mondo: e si formano nuove sinapsi che si sommano a quelle familiari e la cui iterazione (in sinergia) genera una nuova proliferazione di circuiti neuronali: e gli effetti in realtà si moltiplicano e la situazione è già andata fuori controllo.

Anche i media sono un potente strumento di influenza. Attraverso la televisione, i giornali, i social media ed altri mezzi di comunicazione, ci vengono presentate idee, immagini e narrazioni che influenzano la nostra percezione della realtà.

Spesso, queste influenze sono subdole e si insinuano nella nostra mente ma senza che ce ne accorgiamo e (addirittura) i modelli precedenti (famiglia e scuola nell'esempio) si incontrano e si scontrano con le nuove influenze e addirittura siamo ormai convinti di partecipare al medesimo processo e fino a crearci dei "modelli" di successo o di felicità.

Ma (a ben vedere) non sappiamo dire esattamente dove, come e quando si sono creati i medesimi modelli a cui ci aggrappiamo: ed in effetti eravamo assenti (ovvero) eravamo innocenti ed inconsapevoli ed esattamente mentre ci inoculavano i medesimi modelli o schemi mentali nei quali oggi crediamo ciecamente.

Infine, la società nel suo insieme ci impone norme, valori e aspettative. Ci dice cosa è accettabile e cosa non lo è: e questi ulteriori fili sociali ci condizionano fino a plasmare il nostro pensiero e quindi la nostra vita.

Siamo partiti con le migliori intenzioni ma il risultato è una "gomitolo pieno di nodi" e di cui è impossibile trovare il bandolo della matassa: e l'Anima ci avverte (attraverso il disagio) ed il nostro compito è (innanzi tutto) decifrare il messaggio contenuto nel disagio e per fare questo dobbiamo metterci in viaggio (senza paura) e lo strumento del divenire si chiama Comprensione.

Comprensione significa esaminare senza giudizio queste influenze e per interrogarci su ciò che ci è stato insegnato e riflettere serenamente (molto serenamente) sul processo di accumulo delle credenze che abbiamo acquisito.

Spesso si sente dire la frase "io sono così" ma la frase corretta dovrebbe essere "io sono diventato così" e la differenza è sostanziale (in quanto) pronunciare la frase "io sono così" ti pone difronte ad un destino ineluttabile e per il quale tu stesso ti stai privando del libero arbitrio ed hai appena aggiunto nuovo cemento alla tua prigione.

Prova invece a pronunciare la frase "io sono diventato così" e aggiungiamo che è accaduto tutto a tua insaputa e ti apparirà evidente che tu sei "un processo in divenire" e quindi puoi ancora diventare quello che vuoi e cambiare tutto o niente: ma adesso sarai tu a decidere.

Muovendo dagli assunti corretti è facile liberarsi dai fili che ci imprigionano e costruire una visione del mondo veramente autentica.

Nel complesso vi sono una infinità di combinazioni possibili di fattori che esercitano il "controllo-fuori controllo" del proliferare delle nostre convinzioni e sui nostri comportamenti e senza rendercene conto diventiamo soggetti passivi di un processo di condizionamento che ci allontana dalla nostra autenticità innata: e la parte più preoccupante è che non ne siamo consapevoli (anzi) siamo anche convinti di determinarci con intelligenza e non ci accorgiamo (neppure) che produciamo nuova spazzatura e che attingiamo come fonte dalla spazzatura pregressa ed accumulata a nostra insaputa.

L'ipnosi collettiva si manifesta attraverso i modelli culturali, sociali e comportamentali che vengono accettati e perpetuati dalla società nel suo insieme. Questi modelli ci vengono presentati come "normali" e "naturali", ma in realtà sono costruzioni artificiali che limitano la nostra libertà individuale e la nostra capacità di pensare in modo indipendente.

Possiamo affermare che le credenze ed i condizionamenti sono il collante necessario e senza il quale la società non potrebbe esistere e neppure funzionare correttamente e bisogna ammettere che la società offre innumerevoli vantaggi all'individuo: ma i medesimi condizionamenti sono anche il cemento che rinforza le pareti della prigione mentale.

Sono le credenze limitanti, i pregiudizi, le aspettative irrealistiche e le paure che ci vengono trasmessi fin dalla più tenera età.

Questi condizionamenti ci impediscono di esplorare appieno il nostro potenziale e ci costringono a conformarci a uno schema predefinito di comportamento.

Uno dei costi più grandi della prigione mentale è la perdita della spontaneità. Mentre i bambini sono naturalmente aperti e giocosi, gli adulti sono spesso rigidi e conformi alle aspettative della società. La nostra capacità di sognare, immaginare e creare viene soffocata dai condizionamenti che ci impediscono di esprimere la nostra vera essenza.

La creatività è una delle vittime più significative della prigione mentale. Mentre i bambini sono naturalmente creativi e fantasiosi, gli adulti tendono ad aderire a schemi di pensiero rigidi e convenzionali. La paura del giudizio e il bisogno di conformarsi impediscono alle persone di esplorare nuove idee e di abbracciare la loro unicità.

Tuttavia c'è speranza ma il primo passo per liberarsi dalla prigione della mente è diventare consapevoli del proprio stato di prigionia. Attraverso la consapevolezza di sé e delle proprie abitudini mentali, è possibile iniziare il processo di trasformazione personale e di liberazione dalla ipnosi collettiva.

In conclusione, diventare consapevoli della prigione della mente è il primo passo verso la libertà. Attraverso il riconoscimento dei condizionamenti che ci limitano, possiamo intraprendere un viaggio di auto-esplorazione e di trasformazione personale.

E liberarsi dalla ipnosi collettiva è facile e (ricordati) che l'unico ostacolo sei tu e quindi non potrai dare la responsabilità a nessun altro se non intraprendi questo viaggio: ma è un viaggio che vale la pena intraprendere per riconnettersi con la propria autenticità e vivere una vita piena e traboccante di felicità.

leggi questa storiella:

C'era una volta un giovane intrappolato nelle rigide aspettative di una piccola comunità: ed era cresciuto con le credenze e le tradizioni del suo villaggio ma sentiva che la sua vera essenza era stata soffocata da ciò che gli altri volevano *fosse giusto per lui ma non sapeva come uscire dal labirinto dei suoi stessi pensieri.*

Un giorno, incontrò un saggio che sussurrò una parola magica: e la parola magica era "Comprensione" intesa come profondo capire.

*Il giovane ha quindi osservato il cielo e le stelle ed ha compreso che anche il pianeta Terra è solo **<u>una sfera di cristallo sospesa nell'Universo</u>** e che anche una vita intera non può essere infinita e comprese che non doveva combattere contro il suo villaggio e neppure pretendere di cambiare il mondo.*

In un attimo il giovane Comprese che doveva iniziare il suo viaggio ma a partire "dal suo inizio del tempo" ed immaginava che avrebbe dovuto scalare le montagne delle influenze che lo avevano condizionato ed affrontare il deserto dei dubbi che lo imprigionavano e così avvenne.

Fece il primo passo ed ebbe la sensazione di cadere nel vuoto ma non voleva tornare indietro per nessun motivo e quindi avanzò con fiducia e alla fine del viaggio comprese che in realtà "il viaggio" non è mai esistito ma la prigione della mente adesso era svanita ed ha compreso che era lui stesso che costruiva i muri della sua prigione e che solo lui era il responsabile della sua libertà.

La tua mente saprà creare montagne immaginarie e deserti immaginari e (ti avverto) che si opporrà in tutti i modi per non abbandonare i "vecchi" schemi mentali ma non avere paura e (ti garantisco) che alla fine rimarrai stupido del risultato: e non consiglio nessuna tecnica e nessuna disciplina e sei libero di credere in qualsiasi religione ma (solo) ti prego di "riaccendere" la tua curiosità innata...

...e sarà la semplice Comprensione a mostrarti la Verità: e la Verità è già sotto il tuo naso e ti è sempre appartenuta e ancora ti appartiene!!!

Capitolo 2:

Dalle Potenzialità Iniziali (del Cervello)

Alla Mente Presa In Prestito

***

I 100 miliardi di neuroni presenti alla nascita di un essere umano rappresentano un tesoro nascosto di potenziale inesplorato.

Sin dalle prime ore di vita, il cervello umano è in grado di compiere miracoli di connessioni neuronali, producendo un numero straordinario di sinapsi che supera di gran lunga ciò che verrà mai sfruttato nel corso della vita di una persona.

Questo straordinario fenomeno offre uno sguardo affascinante sulle capacità innate del cervello umano e sul suo incredibile potenziale di apprendimento e di adattamento.

Il cervello umano è una macchina incredibilmente complessa, che supera di gran lunga la sua controparte tecnologica più avanzata.

I suoi 100 miliardi di neuroni e le innumerevoli connessioni sinaptiche tra di essi formano una rete intricata che svolge funzioni vitali per il funzionamento del corpo e della mente umana.

Questa complessità straordinaria è ciò che ci permette di percepire il mondo, di pensare, di sentire emozioni e di agire in modo intelligente e coordinato.

Le connessioni neurali, o sinapsi, sono la chiave del funzionamento del cervello. Sono i collegamenti tra i neuroni che consentono loro di comunicare tra di loro e di trasmettere segnali elettrici e chimici. Sin dalle prime ore di vita, il cervello umano è in grado di produrre un numero enorme di sinapsi, creando una rete di connessioni neurali che forma la base per l'apprendimento e lo sviluppo cognitivo.

Le prime esperienze di un neonato sono cruciali per lo sviluppo del cervello. Durante i primi anni di vita, il cervello è estremamente sensibile agli stimoli provenienti dall'ambiente circostante, e le esperienze vissute in questo periodo hanno un impatto duraturo sul suo sviluppo. Le interazioni con i genitori, le esperienze sensoriali e motorie e le prime esperienze sociali contribuiscono a modellare la struttura e la funzione del cervello, influenzando il suo potenziale di apprendimento e di adattamento.

Nonostante la straordinaria capacità del cervello di produrre un numero enorme di sinapsi, e già nelle prime fasi della vita, questo processo può essere limitato dalla scarsità di stimoli.

Ma solitamente il cervello attraversa fasi di "nuove costruzioni sinaptiche" a cui seguono periodi di "potatura sinaptica", in cui vengono eliminate le connessioni neurali inutilizzate o non rafforzate dall'esperienza.

Questo processo di potatura sinaptica è essenziale per ottimizzare l'efficienza del cervello e consolidare le connessioni neurali più importanti e per lasciare posto a nuove connessioni.

L'ambiente sociale e culturale in cui cresce un individuo ha un impatto significativo sullo sviluppo del cervello e sul suo potenziale di apprendimento. Le esperienze vissute, le interazioni sociali e culturali e le opportunità di apprendimento influenzano la plasticità del cervello e la sua capacità di adattarsi alle sfide e alle richieste dell'ambiente circostante.

Un ambiente ricco di stimoli e di opportunità di apprendimento favorisce lo sviluppo cognitivo e emotivo del cervello, mentre un ambiente povero di stimoli può limitare il suo potenziale di sviluppo.

Tuttavia la ricerca ha dimostrato che il cervello umano è incredibilmente adattabile ed è in grado di compensare ad ogni mancanza attraverso un fenomeno noto come "riserva cognitiva" e comunque il cervello rimane plasmabile ad ogni età.

Questo concetto si riferisce alla capacità del nostro cervello di contrastare fino ad annullare ogni declino delle funzioni cerebrali, grazie a una serie di fattori che includono interazioni sociali, attività culturali e interessi personali.

Tra questi, la pratica musicale emerge come uno dei modi più efficaci e piacevoli per mantenere la salute cerebrale e contrastare l'invecchiamento cognitivo ma il vero responsabile di ogni declino rimani tu: e se riattivi la "Comprensione" intesa come profonda capacità di capire puoi accedere ad ogni orizzonte possibile.

Per sfruttare appieno il potenziale del cervello umano, è essenziale fornire un ambiente stimolante e ricco di opportunità di apprendimento e di crescita.

Ciò significa promuovere esperienze positive e gratificanti, incoraggiare l'esplorazione e la curiosità, e fornire un sostegno emotivo e sociale che favorisca lo sviluppo sano e armonico del cervello e della mente. Solo così possiamo permettere al nostro cervello di realizzare il suo potenziale inesplorato e di raggiungere nuove vette di conoscenza, creatività e realizzazione personale.

Ed in oltre esiste una prospettiva affascinante sull'essenza ed il destino dell'essere umano (in quanto) ogni individuo è un essere unico e irripetibile, poiché porta con sé un disegno intrinseco, una vocazione che lo definisce e lo guida lungo il percorso della vita.

Proprio come il seme contiene al suo interno le istruzioni ed il potenziale per diventare una pianta, ogni uomo ed ogni donna nascono con una fioritura unica da realizzare.

L'analogia con il seme ci invita a riflettere sulla nostra natura essenziale e sulle potenzialità della nostra vita: ognuna unica e irripetibile.

Mentre una rosa (infatti) è una rosa e non potrà fare diversamente che fiorire e come pure un pinguino non si sognerà mai di emigrare in Africa... per l'essere umano la faccenda si fa più complessa ed affascinante,

Ed ogni individuo è dotato di un destino intrinseco ed una vocazione unica e che si manifesta fin dalla nascita e che attende (in potenza) di essere scoperta e realizzata. Questa vocazione è unica per ciascun individuo e riflette le sue passioni, i suoi talenti e il suo scopo più profondo.

Scoprire la propria vocazione è una esperienza di auto-esplorazione e di auto-scoperta che richiede tempo, dedizione e consapevolezza.

È un processo che coinvolge l'ascolto attento del proprio cuore e l'osservazione dei segni e delle sincronicità che ci circondano.

Attraverso l'esplorazione delle nostre passioni, dei nostri interessi e dei nostri talenti, possiamo gradualmente rivelare la nostra vera natura e il nostro scopo più autentico.

Possiamo quindi affermare che (alla nascita) avevi almeno due peculiarità intrinseche (ovvero) infinite potenzialità come cervello ed anche una tua vocazione unica e irripetibile e fino a qui stiamo parlando dell'individuo.

Ma per completare il quadro dobbiamo introdurre il terzo elemento che contraddistingue un essere umano e dobbiamo ammettere che (di contro) ogni individuo è relativamente debole come animale e/o essere biologico.

Ed in effetti un essere umano non possiede artigli e neppure zanne e neppure spine per difendersi dai predatori ed anche la pelle è relativamente vulnerabile (per non dire delicata) e se non avesse utilizzato apposite strategie non avrebbe avuto nessuna possibilità di sopravvivere.

La strategia di sopravvivenza dell'essere umano è la coesione e la collaborazione reciproca e l'organizzazione sociale.

L'organizzazione sociale in origine era semplice ma poi si è stratificata fino alla diversificazione dei ruoli e qui iniziano i problemi (in quanto) da un lato l'individuo è unico e irripetibile e portatore di vocazioni ed aspettative ma (d'altra parte) deve cedere una parte della propria unicità per partecipare alla società e per ottenere i vantaggi che questa "collaborazione reciproca" comporta: ma il contrasto è solo apparente e come vedremo in seguito.

I condizionamenti sono quindi necessari o altrimenti non avresti avuto le istruzioni minime necessarie per muoverti nella società ma (come vedremo) è l'utilizzo distorto dei condizionamenti che crea problemi e non i condizionamenti in sé.

E ricordiamoci che chiunque ti abbia condizionato lo ha fatto in buona fede ed in quanto convinto di "aiutarti" nella tua vita e quindi la responsabilità di ogni utilizzo distorto è tua e non possiamo "appioppare" la responsabilità a nessun altro.

Capitolo 3:

Dalla Libertà Iniziale Alla Prigione:

Il Viaggio Inconsapevole Della Mente

***

La mente è un computer biologico che (fin dalla nascita) contiene due programmi principali e sono il programma per la sopravvivenza (cibo) ed il programma per la riproduzione (sesso) e che è finalizzato alla continuazione della Vita e che si svilupperà intorno ai 13 anni di età circa.

E' tutto già scritto e la Natura è stata molto "furba" in questo senso ed ha inventato il piacere come feedback positivo premiante e che ricevi ogni qual volta ottemperi a queste due esigenze primarie per la sopravvivenza: cibo e sesso.

Ma il resto dei programmi (i condizionamenti) sono stati "caricati" a tua insaputa nel tuo cervello eppure agiscono ed interagiscono con i programmi principali di cibo e sesso: e non potrebbe essere diversamente e (addirittura) sono state scoperte cellule neuronali anche nell'intestino e nel cuore.

Soffermiamoci un attimo a constatare che il cibo crea piacere ed anche il sesso crea piacere: e te lo immagini se così non fosse cosa accadrebbe?

Te lo immagini cosa accadrebbe se mangiare un panino fosse spiacevole e fare sesso fosse doloroso? Semplice: ci saremmo già estinti!

Invece madre Natura ha pensato anche a questo ed ha messo "a capo" dell'intero sistema biologico una materia grigia chiamata cervello e che si nutre sopra tutto di piacere (ovvero) ogni volta che si compiono azioni premianti per la sopravvivenza si prova piacere e (invece) ogni volta che si subiscono eventi contrari alla sopravvivenza si prova dispiacere, fastidio o addirittura dolore.

Accade però nella vita di provare disagio o altri malesseri o senso di vuoto o ansia e depressione e spesso questi "disagi" accadono anche quando "tutto è a posto" in apparenza (casa, soldi, carriera) e quindi deve pur esserci "qualcosa" che sfugge alle nostre intenzioni e comunque qualsiasi sintomo "è un messaggio" per noi e come tale deve essere decifrato: e quindi è ovvio che qualcosa è andato storto...

Ed in effetti tutto è andato storto e per comprenderlo è sufficiente osservare che la mente umana è un computer biologico ma che utilizza come "operatori logici" i condizionamenti che ti sono stati inoculati fin dalla nascita ma a tua insaputa.

L'evoluzione della tecnologia informatica ha portato alla creazione di dispositivi sempre più potenti e complessi (tra cui gli smartphone ed i computer) ma questi dispositivi non fanno altro che verificare in rapida successione una pluralità di "operatori logici" per elaborare informazioni e risolvere problemi in modo efficiente: e per quanto ti possa sembrare strano la mente umana non lavora in modo molto diverso e vediamo insieme alcune analogie.

Consideriamo prima di tutto la mente umana come un sistema di elaborazione delle informazioni, simile al processore di un computer. Assorbiamo input dal nostro ambiente, li elaboriamo attraverso i nostri sensi e produciamo output in risposta alle situazioni che incontriamo.

Programmazione e Condizionamenti: Ma cosa guida il nostro processo di elaborazione delle informazioni? Qui è dove entrano in gioco i condizionamenti sociali. Così come un computer segue istruzioni specifiche per eseguire compiti, la mente umana è programmata dai condizionamenti sociali - regole, norme, aspettative - che influenzano il nostro pensiero e comportamento.

Operatori Logici umani: I condizionamenti sociali agiscono come gli operatori logici del nostro "software" mentale. Decidono quali informazioni vengono accettate, interpretate e integrate nella nostra coscienza, plasmando così la nostra percezione della realtà e le nostre decisioni.

Risposte Predeterminate: Come un computer esegue operazioni basate su algoritmi predefiniti, la mente umana tende a rispondere a determinate situazioni in modo prevedibile, influenzata dai condizionamenti sociali che ci guidano verso comportamenti specifici.

I condizionamenti sociali sono come gli "operatori logici" di un computer ed esercitano un controllo totale sulla mente umana.

In apertura abbiamo visto che la mente è un cervello programmato (dai condizionamenti) e quindi ogni pensiero ed ogni azione è plasmata da queste regole invisibili, trasformando gli individui in esecutori programmati di un sistema sociale predeterminato.

L'individuo, così programmato dai condizionamenti sociali, perde la sua capacità di pensare e agire in modo indipendente. Ogni scelta, ogni desiderio è filtrato attraverso le lenti dei condizionamenti sociali, limitando così la sua libertà e autonomia.

La mente umana diventa quindi un meccanismo che ripropone le medesime strutture sociali che lo hanno condizionato e quindi ripropone le medesime ingiustizie che lo hanno già condannato e la libertà di pensiero e di giudizio e di auto determinazione è solo apparente (una illusione!)

In questa visione (tutt'altro che estrema) la mente umana si riduce a un semplice meccanismo (ovvero) un'entità computazionale che opera secondo le regole dei condizionamenti sociali che ha già subito e che deve patire suo malgrado.

Oltre a quanto esposto bisogna anche ricordare che la mente umana è l'organo preposto ad agire per garantire che vengano assicurate le necessità primordiali di sicurezza, cibo e sesso e quindi sarà naturalmente portata ad accettare come "vera" qualsiasi conclusione che non è "vera" in quanto tale ma diventa "vera" o accettabile ma solo perché garantisce sopravvivenza e continuazione della specie.

Nel profondo del nostro essere, la mente umana è intessuta con l'istinto primordiale di garantire le nostre necessità di base: sicurezza, nutrimento e riproduzione.

Questi imperativi biologici, radicati nelle profondità evolutive della nostra specie, hanno plasmato il modo in cui percepiamo e interpretiamo il mondo che ci circonda, influenzando anche il nostro processo decisionale e la nostra accettazione delle conclusioni.

Sicurezza, Cibo, e Riproduzione sono le Fondamenta della Sopravvivenza Umana ed alla base della nostra esistenza giace l'impellente bisogno di garantire la nostra sicurezza, il nostro sostentamento e la continuazione della specie.

Questi imperativi biologici agiscono come le forze trainanti che guidano le nostre azioni e i nostri pensieri, anche se spesso in modo sottile e inconscio.

Sicurezza: Il bisogno di sicurezza ci spinge a cercare ambienti e situazioni che ci proteggano da minacce esterne e ci assicurino un senso di stabilità e protezione. In un mondo percepito come pericoloso e incerto, la mente umana è naturalmente portata a privilegiare informazioni e conclusioni che promettono sicurezza e stabilità, anche se a volte a discapito della verità oggettiva.

Cibo: Il bisogno di cibo è essenziale per il nostro benessere fisico e la nostra sopravvivenza. Di conseguenza, la mente umana è incline ad accettare conclusioni o credenze che promuovono l'accesso a risorse alimentari abbondanti e salutari. Questa tendenza può manifestarsi attraverso la predisposizione a credere a teorie o ideologie che promettono soluzioni rapide e facili per soddisfare le nostre esigenze nutrizionali.

Riproduzione: La riproduzione è fondamentale per la perpetuazione della nostra specie, e di conseguenza, la mente umana è incline ad accettare conclusioni o credenze che facilitano la ricerca di partner sessuali e la continuità della linea genetica. Questo può manifestarsi attraverso l'adesione a norme culturali o sociali che regolano il comportamento sessuale e la formazione delle relazioni.

In virtù della sua natura, la mente umana è quindi naturalmente predisposta a valutare le conclusioni in termini vantaggio soggettivo e di come possono contribuire alla nostra sicurezza, al nostro sostentamento e alla nostra capacità riproduttiva. Questo significa che siamo inclini ad accettare come "vere" o accettabili anche le conclusioni più distorte ma che promettono di soddisfare le necessità primordiali.

INTEGRITA' E DISGREGAZIONE:

Nel corso della nostra esplorazione sul funzionamento della mente umana e la sua interazione con l'ambiente sociale, ci troviamo quindi di fronte a un conflitto fondamentale (ovvero) il conflitto tra le aspirazioni e le vocazioni innate dell'individuo ed i condizionamenti sociali e che richiedono (invece) l'esecuzione di compiti ben specifici e preordinati e questo conflitto può portare alla disgregazione dell'individuo, mettendo a repentaglio la sua integrità e il suo benessere.

Nel tentativo di conciliare queste forze contrastanti, l'individuo rischia di perdere la sua coesione interna e il suo senso di identità.

La dissonanza tra ciò che è e ciò che gli viene imposto di essere può portare a un progressivo indebolimento della sua integrità psicologica ed emotiva. L'individuo si trova diviso, frantumato tra le richieste del mondo esterno e la sua essenza interiore.

E non bisogna trascurare che anche i condizionamenti sociali sono spesso tra loro contrastanti e quindi l'individuo vive in una "tensione continua" e dove molteplici "io" interpretano in maniera differente la medesima realtà: e alle volte può sembrare di impazzire.

All'interno di ogni individuo risiedono vocazioni innate, inclinazioni e aspirazioni che emergono dalla profondità della sua essenza. Queste vocazioni possono manifestarsi in molteplici forme: dall'arte alla scienza, dalla musica alla filosofia. Sono gli impulsi primari che guidano l'individuo verso la realizzazione di sé stesso e il conseguimento del suo potenziale più autentico.

Tuttavia, le vocazioni innate dell'individuo spesso entrano in conflitto con i condizionamenti sociali imposti dalla società circostante.

Norme culturali, aspettative familiari, pressioni sociali: tutti questi fattori possono esercitare una potente influenza sulla mente dell'individuo, costringendolo a conformarsi a modelli e comportamenti che non rispecchiano la sua vera natura.

Questo conflitto interno tra vocazioni innate e condizionamenti sociali contrastanti può generare una profonda dissonanza nella psiche dell'individuo e solitamente portano alla disgregazione interiore e da qui nasce il disagio che (però) è in realtà la conferma che siamo vivi ed è ovvio che c'è una entità sconosciuta e che sta tentando di "mandarci un messaggio" e di comunicare con noi.

Come già detto possiamo chiamare questa entità in qualunque modo e con il nome di "Anima" o con il nome di Inconscio o con la parola Sé oppure Daimon e vocazione ma non è importante il nome che assegni al mittente del messaggio ma è importante che comprendi che "c'è un messaggio per te" in ogni malessere o senso di disagio ed è probabile che c'è un viaggio che devi compiere e non potrai rimandare all'infinito questo appuntamento.

Questa è la vera differenza tra un essere umano ed un computer ed infatti un computer non ha vocazioni e (al limite) si impalla ma non proverà mai disagio e neppure coltiverà il dubbio.

Coltiva il dubbio e lasciati illuminare dalla Comprensione per illuminare i tuoi passi.

Capitolo 4:

La Mente E' Il Luogo Dove Vieni Ricattato:

Da Un Censore Che Non Esiste

***

Partendo dalle premesse corrette possiamo quindi affermare che dalla complessità dell'interazione tra individuo e società, emergono riflessioni profonde sul ruolo della mente umana come prodotto e strumento della società stessa.

In questo capitolo, esploriamo come la società plasmi la mente dell'individuo, instillando giudici censori interiori che influenzano il suo pensiero, il suo comportamento e il suo senso di colpa.

La Mente come Costruzione Sociale: La mente umana, sebbene possa sembrare un'entità individuale e autonoma, è in realtà il prodotto di una complessa rete di influenze sociali, culturali e storiche.

Sin dalla nascita, siamo immersi in un ambiente sociale che plasma la nostra percezione del mondo e le nostre credenze. La società ci fornisce i modelli di comportamento ed i valori e le norme che influenzano la nostra identità (ovvero) alla nascita ci viene assegnato un nome e cognome ed un codice fiscale che sono utili al buon funzionamento della società: ma possiamo ben equiparare questi elementi come "il codice a barre" assegnato all'individuo e su cui poi avvengono speculazioni e si perseguono fini che sono tutt'altro che nobili ed anche attraverso meccanismi subdoli.

I GIUDICI CENSORI INTERIORI:

All'interno di questa costruzione sociale della mente, si sviluppano i cosiddetti "giudici censori interiori": voci interiori che giudicano e valutano il nostro pensiero e il nostro comportamento in base ai criteri socialmente determinati e che ci hanno inculcato.

Questi giudici interiori derivano dalle norme e dalle aspettative della società e fungono da guardiani che agiscono dall'interno dell'individuo e garantiscono la conformità sociale e l'omologazione: ma spesso generano sensi di colpa o frustrazione e senso di inadeguatezza del tutto inutili!!!

I Giudici Censori Interiori rappresentano una componente fondamentale della struttura mentale di ciascun individuo, modellata dalle influenze sociali e culturali circostanti.

Queste voci interiori assumono il ruolo di giudici, valutando costantemente le azioni, le scelte ed i pensieri dell'individuo in base a criteri definiti dalla società e dalla comunità in cui si trova immerso.

Questi giudici interiori sono il risultato di un processo di interiorizzazione delle norme e delle aspettative sociali che avviene fin dalla più tenera età.

Sin dai primi anni di vita, l'individuo assorbe gli insegnamenti della società che lo circonda, apprendendo quali comportamenti sono accettati e quali sono considerati devianti o inaccettabili. Queste lezioni vengono assimilate nella psiche dell'individuo e si manifestano sotto forma di giudici censori interiori, che agiscono come una sorta di "voce della coscienza" che monitora e valuta costantemente il suo comportamento.

In mancanza di una vera consapevolezza si può arrivare ad una tale deformazione della percezione che quella che chiamiamo "coscienza" è in realtà la somma delle voci interiori che ci hanno inculcato ma a cui adesso abbiamo affibbiato il nome altisonante di "coscienza".

Quella che chiamiamo coscienza è in realtà la somma delle voci dei giudici interiori e che sono in realtà lo specchio delle norme sociali dominanti, dai valori culturali e dalle aspettative della comunità di appartenenza. Rappresentano una sorta di internalizzazione delle regole sociali, che guidano il comportamento dell'individuo e lo spingono verso la conformità sociale.

Questi giudici interiori promuovono l'omologazione, incoraggiando l'individuo a conformarsi agli standard e alle convenzioni sociali, al fine di evitare il disprezzo, l'esclusione o la punizione sociale.

Nel loro ruolo di guardiani della conformità sociale, i giudici censori interiori esercitano un potente controllo sul pensiero e sul comportamento dell'individuo.

Incutono il timore del giudizio sociale e del rifiuto, spingendo l'individuo a conformarsi ai dettami della società, anche (e sopra tutto) a scapito della sua autenticità e della sua libertà individuale. Questi giudici interiori possono diventare voci critiche e auto-punitrici, generando sensi di colpa e di vergogna in caso di deviazione dalle norme socialmente accettate.

Tuttavia, è importante riconoscere che i giudici censori interiori non sono immutabili e neppure onnipotenti (anzi) sono spesso riformati attraverso il processo di autoconsapevolezza e di critica sociale e quello che ieri era vero oggi non lo è più: e domani cambierà ancora e quindi sono entità astratte e prive di reale consistenza ma bisogna saperli riconoscere e disattivare.

Per "risvegliarsi a sé stesso" l'individuo deve imparare ad esaminare criticamente le norme e le aspettative della società, sviluppando un senso critico e una consapevolezza dei propri valori e delle proprie convinzioni.

Attraverso questo processo di auto-riflessione e di autodeterminazione, l'individuo può emanciparsi dai vincoli dei giudici censori interiori e ritrovare la propria voce interiore autentica e pur rimanendo serenamente all'interno del perimetro sociale predefinito.

IL RUOLO DEL SENSO DI COLPA:

Uno degli strumenti principali utilizzati dai giudici censori interiori è il senso di colpa. La società instilla nella mente dell'individuo un senso di colpa per il mancato rispetto delle norme e delle aspettative sociali, utilizzando questo meccanismo come forma di controllo sociale e di coercizione subdola.

Il senso di colpa agisce come una punizione emotiva per deviazioni dal comportamento accettato, spingendo l'individuo a conformarsi alle regole della società per evitare la disapprovazione e l'esclusione sociale.

Il senso di colpa svolge un ruolo cruciale nella dinamica tra individuo e società, agendo come un potentissimo strumento di controllo sociale e coercizione e di influenza sociale sulla mente e sul comportamento umano.

Nella manipolazione della mente, il senso di colpa viene utilizzato come un meccanismo attraverso il quale la società esercita il suo potere coercitivo sull'individuo.

Le norme e le aspettative sociali vengono internalizzate dall'individuo fin dalla prima infanzia, e il senso di colpa funge da "arma emotiva" per far rispettare tali norme.

Quando l'individuo si discosta dalle norme socialmente accettate o compie azioni considerate moralmente o socialmente sbagliate, il senso di colpa si attiva come una forma di punizione emotiva interiore.

Questo senso di colpa genera un profondo disagio psicologico nell'individuo, inducendolo a provare rimorso e pentimento per il suo comportamento deviante: e anche se è deviante rispetto a convenzioni (inconsistenti) e che un domani svaniranno come neve al sole!!!

Il senso di colpa funziona quindi come un meccanismo di coercizione, spingendo l'individuo a conformarsi alle regole e alle aspettative della società per evitare la disapprovazione e l'esclusione sociale. Questo processo di conformismo è alimentato dalla paura del giudizio degli altri e dalla necessità di appartenere e di essere accettati dalla comunità.

In questo contesto, il senso di colpa diventa uno dei principali strumenti attraverso cui la società esercita il suo controllo sulla mente e sul comportamento dell'individuo ed in conclusione, il senso di colpa svolge un ruolo significativo nel mantenere l'ordine sociale e nel promuovere il conformismo all'interno della società.

Tuttavia, è importante essere consapevoli dei suoi effetti coercitivi e delle implicazioni per la libertà individuale e l'autonomia.

LA SOCIETÀ È' UNA ENTITÀ ASTRATTA:

La società offre innegabili vantaggi all'individuo ma rimane una entità astratta (un insieme di regole nella sostanza) eppure condiziona la vita di ognuno in maniera invadente. Pur essendo una costruzione umana, la società esercita un potere significativo sulle menti degli individui, plasmando il loro pensiero e il loro comportamento secondo i suoi ideali e le sue esigenze.

Nel nostro percorso di esplorazione della complessità delle interazioni tra individuo e società, ci troviamo di fronte al concetto della società come un'entità astratta ma capace di sbilanciare l'individuo dal centro verso l'esterno.

Nell'ambito dell'analisi della società come entità astratta, emerge un fenomeno particolarmente rilevante (e preoccupante) e degno di approfondimento: il culto dell'apparenza e dell'apparire.

Come una calamita la società spinga l'individuo a concentrarsi sull'apparenza esteriore piuttosto che sul suo essere interiore, trasformando la vita in una sorta di vetrina senza fine: ma così facendo l'individuo "si sbilancia" dal centro verso l'esterno e perde se stesso.

IL CULTO DELL'APPARENZA:

In questa società iperconnessa ed iper competitiva, l'apparenza esteriore ha assunto un ruolo predominante nella vita delle persone.

Il culto dell'apparenza promuove l'idea che l'importanza risieda nell'aspetto esteriore, nel successo materiale e nella popolarità sociale, piuttosto che nell'autenticità o nella saggezza interiore.

In questo contesto, la vita diventa una continua performance di una vetrina senza fine, in cui l'individuo si sente costantemente sotto osservazione e giudizio.

Le persone sono spinte a mostrare una versione idealizzata di sé stesse sui social media, a curare l'immagine pubblica e a cercare l'approvazione degli altri attraverso il successo esteriore: ma questo culto dell'apparenza spinge l'individuo a allontanarsi dal proprio centro interiore, concentrandosi esclusivamente sull'immagine che proietta verso l'esterno.

Questo processo di alienazione può portare alla perdita del senso di sé autentico e conduce alla disconnessione con le proprie emozioni in cambio di una continua ricerca di gratificazione esterna.

BREVE CENNO SUI SOCIAL MEDIA

Nell'era digitale in cui viviamo, i social media hanno assunto un ruolo sempre più predominante nella vita quotidiana delle persone, influenzando profondamente il loro pensiero, il loro comportamento e le loro relazioni.

I social media hanno una capacità unica di catturare l'attenzione delle persone, offrendo una piattaforma per connettersi con gli altri, condividere esperienze e informazioni, ed esprimere sè stessi. La loro ubiquità e accessibilità li rendono una parte integrante della vita quotidiana di milioni di individui in tutto il mondo.

Uno dei principali modi in cui i social media influenzano il comportamento umano è attraverso l'effetto della validazione sociale.

Le interazioni ed i feedback positivi ricevuti sui social media possono avere un impatto significativo sull'autostima e sull'identità dell'individuo, incoraggiandolo a cercare approvazione e accettazione sopra tutto attraverso il contenuto che condivide e le interazioni che intrattiene.

Ma questo tipo di scambi superficiali contribuisce alla creazione di standard irrealistici di bellezza, successo e felicità. Le immagini filtrate e ritoccate, i post selezionati e le vite apparentemente perfette mostrate sui social media possono portare le persone a confrontare le proprie vite con quelle degli altri, generando sentimenti di inadeguatezza, invidia e insoddisfazione.

Tuttavia, i social media non sono solo uno strumento per l'intrattenimento e la condivisione personale, ma anche una potente piattaforma per la diffusione di informazioni e idee. Attraverso i social media, le persone possono accedere a una vasta gamma di contenuti, partecipare a discussioni su questioni importanti e sensibilizzare il pubblico su temi rilevanti: ed in effetti non è mai lo strumento "il colpevole" ma è l'uso distorto che ne facciamo.

È importante riconoscere che l'uso eccessivo dei social media può avere conseguenze negative sulla salute mentale degli individui. La dipendenza da social media, l'esposizione a contenuti dannosi o violenti, e il cyberbullismo sono solo alcune delle sfide che le persone possono affrontare nell'ambiente digitale.

Alcuni studi hanno anche dimostrato che l'utilizzo continuo di abbreviazioni negli SMS ha generato una regressione nella capacità di elaborazioni nelle menti dei più giovani (ovvero) l'uso frequente degli SMS ha sollevato preoccupazioni riguardo al suo impatto sulla nostra capacità di sviluppare un pensiero critico e di comunicazione efficace.

Uno dei principali argomenti sollevati riguardo all'utilizzo degli SMS è l'effetto della semplificazione del linguaggio.

Gli SMS incoraggiano l'uso di abbreviazioni, emoticon e linguaggio informale, riducendo la complessità e la ricchezza del linguaggio utilizzato: ed è ovvio che si viene a creare un impatto negativo sullo sviluppo e sull'esercizio delle capacità linguistiche e cognitive.

Inoltre, l'uso frequente degli SMS può portare a una riduzione della capacità di comunicazione efficace e di comprensione del testo. La brevità e la sinteticità degli SMS possono limitare la capacità di concepire concetti complessi e articolati e riduce la capacità di leggere e scrivere testi più lunghi ed elaborati.

Un'altra preoccupazione riguarda la dipendenza dalla tecnologia e la diminuzione dell'attenzione e della concentrazione in quanto gli SMS offrono gratificazione immediata e risposte istantanee, contribuendo a una cultura dell'immediatezza e dell'impazienza che può minare la capacità di focalizzarsi su compiti più complessi e impegnativi.

Il possibile calo dell'intelligenza connesso con l'utilizzo degli SMS solleva importanti questioni riguardo alla nostra evoluzione come società. Se da un lato la tecnologia ci offre nuove opportunità di comunicazione e connessione, dall'altro può anche minare le nostre capacità cognitive e la nostra capacità di pensiero critico.

Tuttavia è opportuno precisare che non è mai lo strumento in sé a creare il danno ma è l'utilizzo distorto del medesimo strumento e la responsabilità in ultima analisi è sempre dell'individuo.

RITORNO ALLE ORIGINI:

Vale la pena di ricordare che (inizialmente) l'essere umano si è aggregato con il solo scopo di aumentare le probabilità di sopravvivenza.

Immaginiamo che vi sono 3 individui su un'isola che devono sopravvivere e immaginiamo che questi individui non si parlano ed ognuno pensa ai propri bisogni in maniera autonoma: è facile concludere che avranno ben poche possibilità di sopravvivenza.

Immaginiamo invece che i 3 individui fanno amicizia e si dividono i compiti ed in particolare: il primo va a pescare il secondo coltiva i campi ed il terzo fa la guardia e tiene acceso il fuoco di notte contro gli animali feroci e mentre gli altri due si riposano: essi hanno costituito una società con tutti i vantaggi connessi (ovvero) riposano in sicurezza e mangiano in maniera continua e diversificata.

Questo è lo scopo della società ma poi vi è stata una tale proliferazione di ruoli e di regole e di interconnessioni superficiali che hanno portato ad uno sbilanciamento dal centro dell'individuo verso l'esterno e siamo arrivati al paradosso per cui la realtà (apparente) sembra essere "l'esterno" e con le illusioni connesse mentre "l'interno" sembra un posto angusto ed oscuro e da cui scappare: ma è esattamente il contrario ed il centro dell'Universo rimane l'individuo.

leggi questa storiella:

C'era una volta un'isola remota, circondata da acque cristalline e baciata dal sole tutto l'anno. Su quest'isola vivevano tre individui, ognuno assorto nei propri bisogni e passava il tempo senza mai interagire l'uno con l'altro.

Il primo individuo, abile pescatore, trascorreva le giornate lanciando la lenza in mare, sperando di catturare abbastanza pesce per sfamarsi.

Il secondo individuo, esperto coltivatore, arava la terra e seminava i semi, sperando di ottenere un raccolto abbondante.

Il terzo individuo viveva di espedienti e si nutriva con ciò che trovava sugli alberi come frutta.

Ognuno di loro viveva una vita solitaria e faticosa e riuscivano a malapena sfamarsi e non si rendevano conto che insieme avrebbero potuto ottenere molto di più.

Un giorno, il pescatore decise di avvicinarsi al coltivatore per chiedere aiuto nella pesca, mentre il coltivatore si rivolse al terzo individuo per chiedere protezione durante la notte. Iniziarono così a condividere le loro abilità e per lavorare insieme per il bene comune.

Il pescatore insegnò al coltivatore le tecniche di pesca più efficaci, mentre il coltivatore mostrò al pescatore come coltivare la terra per ottenere un raccolto migliore. Nel frattempo, il guardiano continuava a proteggere il loro accampamento dagli animali selvatici.

Con il tempo, i tre individui si resero conto che insieme erano più forti. Organizzarono turni di lavoro, alternandosi nei compiti e garantendo che nessuno fosse mai lasciato indietro.

La loro cooperazione portò ad un aumento della produzione di cibo e maggiore sicurezza nell'accampamento. Ogni sera, si riunivano intorno al fuoco, condividendo storie e risate, grati per la loro nuova vita di comunità.

Poco alla volta, l'isola divenne un luogo di prosperità e armonia, tutto grazie alla collaborazione e all'amicizia dei tre individui. Scoprirono che lavorare insieme non solo garantiva la loro sopravvivenza, ma rendeva anche la vita più ricca e soddisfacente.

E così, su quell'isola lontana, tre individui solitari divennero una comunità unita, dimostrando che l'unione fa davvero la forza e che il vero tesoro risiede nella condivisione e nella collaborazione e questo è il vero significato della Società!

Capitolo 5:

Attivare La Comprensione:

Per Risvegliare La Consapevolezza

***

La Comprensione è l'unica "azione-non azione" necessaria per disvelare ogni potenziale interiore e che è già inscritto all'interno di ogni essere umano e non è necessario affacciarsi su pratiche mistiche o spirituali.

Al contrario, il cammino verso la consapevolezza può essere intrapreso attraverso la semplice Comprensione dei meccanismi che governano la mente e il comportamento umano.

L'unico responsabile dei tuoi pensieri e delle tue azioni sei tu: e l'Universo ti ha già donato di ogni strumento necessario e non abbisogni di un aiuto esterno e quindi ti invito a coltivare la Comprensione per accedere alla Consapevolezza e ritorni il padrone di ciò che già ti appartiene e ti è sempre appartenuto.

Sciogli i nodi dei dogmi e delle false credenze attraverso la Comprensione: qui intesa come "comprendere profondamente" dei meccanismi che sottendono alle tue scelte ed alle iterazioni tra esseri umani e nulla ti viene precluso e la Consapevolezza accade come conseguenza immediata e diretta.

La riflessione serena e senza giudizio è lo strumento più potente per attivare la Comprensione e risvegliare la Consapevolezza.

PERCHE' SENZA GIUDIZIO?

Il giudizio è l'attività della mente di comparare i modelli già acquisiti con la situazione che stiamo vivendo: ed in estrema sintesi possiamo dire che giudicare significa misurare la distanza che passa tra ciò che ci appare con ciò che dovrebbe essere secondo il modello di riferimento acquisito.

Il giudizio è (solo) una comparazione tra il modello già acquisito e la realtà che stiamo osservando: ma in questa sede ci stiamo occupando di valutare la bontà della genesi del modello acquisito e non sarebbe di nessuna utilità giudicare.

Nelle "scienze della natura" esiste una distinzione netta ed una distanza tra l'osservatore ed il fenomeno osservato e questo semplifica ogni procedimento e permette (addirittura) di effettuare misurazioni che rendono oggettivo il risultato e le comparazioni.

Nelle "scienze umanistiche" o anche chiamate "scienze dello spirito" c'è invece sovrapposizione tra osservatore ed il fenomeno osservato: ed è questa la vera difficoltà.

In questo momento siamo osservatori e partecipi del fenomeno che osserviamo ed è questa una delle vere difficoltà da superare.

Se osservo 1 litro di benzina che brucia posso misurare quanta parte di energia chimica contenuta nella benzina viene trasformata in energia termica e posso (ad esempio) misurare quanta parte di energia chimica della benzina si trasforma in energia cinetica della mia automobile e l'unità di misura viene espressa in km/litro (ovvero) data una certa quantità di combustibile posso misurare e prevedere quanta strada farà la mia automobile.

Oppure posso misurare quanta energia elettrica consumerà la mia lavatrice per fare un determinato lavoro di pulizia del bucato e via dicendo.

Anche un attore ha la possibilità di rapportarsi con un copione già scritto e quindi può fare delle prove ed anche rivedere la scena girata e migliorare la recitazione una infinità di volte.

Nella "realtà-umana" accade invece che veniamo catapultati nel mondo ma senza il libretto di istruzioni ed abbiamo (solo) raffazzonato "un copione preso in prestito da altri" e non abbiamo neppure il privilegio di conoscere quanta parte di energia potremo convertire in azioni sane e neppure l'opportunità del secondo ciack si gira: e quindi ci muoviamo su un terreno scivoloso.

Per fare un altro esempio possiamo anche immaginare di una barca che conosce la propria posizione a partire da punti fermi in cielo o in terra e questi "punti di riferimento" escludono la possibilità di errore e ben posso affermare se mi sto dirigendo a nord oppure a sud.

Nella vita reale (invece) manca il libretto di istruzioni e qui ci stiamo interrogando sulla "validità" della mappa di navigazione che stiamo utilizzando e della "validità" delle nostre valutazioni e quindi stiamo indagando sulla direzione della nostra Vita (e non è di poca importanza!).

In questo momento devo immaginare di essere come il capitano della mia nave e vedo un faro sulla mia destra (a dritta) e questo mi fa presumere che sto andando a nord (bene) ma il faro che vedo è reale o è una invenzione della mia mente? e se anche fosse reale chi l'ha messo in quel punto? è stato costruito a mia insaputa da mio padre o dal mio insegnante? è credibile come punto di riferimento o mi è stato inculcato a mia insaputa e quando ero troppo piccolo per capire?

Ecco: in questo momento ci stiamo concentrando sulla valutazione della "nostra mappa" di riferimento e siamo completamente disinteressati alla navigazione delle altre navi (in quanto) semplicemente non ci riguarda e sarebbe fuorviante.

Ciò premesso (e al momento) ogni tuo giudizio è compromesso fin dalla genesi (in quanto ti è stato inculcato) e quindi è opportuno soprassedere serenamente: e poi farai ulteriori valutazioni.

Ma per il momento prenditi il lusso abbandonare gli schemi pregressi ed osserva (semplicemente) ma senza giudicare ed esattamente come farebbe un marziano.

Cammina sul mondo e cammina nel mondo ed osserva senza giudicare e vedrai uno stupido litigio al parcheggio (oppure) sentirai l'impulso di inveire contro qualcuno che ti supera nella fila al supermercato (e ti capisco) ma per una volta fai l'esatto contrario (e abbandona l'impulso) ed osserva che tu sei quella persona (ovvero) anche tu hai fatto le stesse identiche stupidaggini: e tutto ciò è accaduto solo perché eri assente a te stesso...

Ora facciamo il processo inverso e qualsiasi cosa accada sforzati di allargare il tuo sguardo e fino a ricordati che sei su un pianeta che si chiama "pianeta Terra" e che il pianeta terra è solo *una pallina di Cristallo sospesa nell'Universo* e quindi è vero che stai timonando la nave dei tuoi pensieri ma è anche vero che sei ospite di una navicella spaziale che si chiama pianeta Terra.

Mentre leggi questo libro (e tutto ti appare fermo) in realtà il pianeta Terra sta girando ad una velocità di circa 1.700 chilometro orari e tu anche.

Non solo: nel contempo la navicella spaziale denominata "pianeta Terra" sta girando intorno al Sole ad una velocità di circa 100.000 chilometri orari e tu anche.

Non solo: nel frattempo il Sole si muove nella nostra galassia (la Via Lattea) ad una velocità di circa 790 chilometri orari e tu anche.

Tutto ciò premesso possiamo dire che tutto ti appare fermo e magari sei nel letto della tua stanza ma (nel contempo) ti stai muovendo ad una velocità di oltre 28.000 metri al secondo e considera che un aeroplano non supera i 250 metri al secondo di velocità.

Tutto ti appare fermo ma in realtà ti stai muovendo ad una velocità di oltre 28.000 metri al secondo e quindi sei 112 volte più veloce di un aeroplano e quindi ti ho appena dimostrato che "tutto è vero e tutto è falso" ed anche i punti di riferimento della tua mente sono veri e (nel contempo) sono completamente falsi: e tutto dipende dal contesto di riferimento.

Sei ricco o sei povero? non si sa: prendi un milione di dollari e vai in Burundi e sicuramente saresti molto ricco ma con la medesima cifra in Qatar saresti considerato un pezzente. E se accade che ti ammali e non v'è cura per la tua malattia ben comprendi che qualsiasi cifra non avrebbe senso.

Coltiva il dubbio quindi (con serenità) ed anche sugli stessi convincimenti a cui ti aggrappi perché vedremo che sono molto meno solidi di quello che potrebbe apparire: ed esistono solo verità relative!

I MECCANISMI DELLA MENTE:

Il primo passo verso la consapevolezza è la Comprensione dei meccanismi che guidano la nostra mente e il nostro comportamento. Questo include l'esplorazione dei processi di pensiero, delle emozioni e delle abitudini che influenzano le nostre azioni quotidiane.

Quando comprendiamo come funziona la nostra mente, siamo in grado di agire in modo più consapevole e deliberato.

Il viaggio verso la consapevolezza inizia con la Comprensione dei meccanismi che guidano la nostra mente e il nostro comportamento.

Esplorare questi processi ci consente di agire in modo consapevole e deliberato e ri-torniamo i veri artefici della nostra Vita.

Ipnotizzazione della Mente: La mente umana è un meccanismo ipnotizzato e continuamente influenzato dalle esperienze, dalle influenze esterne e dalle convinzioni interne. Come un ipnotizzatore guida il soggetto verso uno stato di trance, così la mente si auto-ipnotizza, assorbendo e integrando le informazioni e le esperienze che incontra nel corso della vita e della giornata.

Risposta alle Regole Binarie: La mente tende a rispondere alle regole binarie del vero e del falso, del bene e del male. Questo schema di pensiero dualistico può semplificare il processo decisionale, ma può anche portare a una visione distorta della realtà.

È importante essere consapevoli di questa tendenza e cercare di adottare una prospettiva più sfumata e complessa.

Fallibilità della Mente: Nonostante la sua complessità e la sua capacità di adattarsi, la mente umana è un sistema fallace. È soggetta ad oscillazioni umorali, influenzate da una miriade di fattori interni ed esterni.

Come un pendolo che oscilla da un lato all'altro, la mente può essere attratta da estremi positivi come "il buonismo" ma per poi oscillare nuovamente nella direzione opposta e verso la vendetta o propositi negativi e questo accade in quanto alla mente appare come reale solo l'esperienza che sta vivendo in quel momento e quindi si vengono a creare delle "stanze virtuali" del pensiero che appaiono reali salvo poi disconoscerle il momento successivo.

Nella complessità della mente umana si cela un fenomeno fallace e che si concretizza nella continua produzione di "stanze virtuali", spazi mentali in cui l'esperienza si manifesta in tutta la sua apparente vividezza salvo poi svanire nell'oblio subito dopo e nel momento stesso in cui accediamo alla "stanza virtuale" successiva.

La mente umana, in costante movimento, crea incessantemente nuove realtà interne. Queste "stanze virtuali" sono il prodotto delle nostre percezioni, emozioni e pensieri del momento. Tuttavia, questa realtà è effimera, destinata a svanire nel momento in cui l'attenzione si sposta altrove ed in un continuo movimento privo di un baricentro.

All'interno di queste stanze virtuali, l'esperienza appare straordinariamente reale e tangibile. Le emozioni si intensificano, i dettagli si accentuano e l'illusione della permanenza prende forma: ma poi accade che ciò che sembrava assoluto e indiscutibile in un momento diventa insignificante nel momento successivo.

E' opportuno quindi precisare che ogni esperienza vissuta all'interno di ogni "stanza virtuale" della mente viene vissuta come "esperienza reale" e vengono quindi rilasciati ormoni direttamente nel corpo umano e quindi vi sono ricadute concrete.

Per fare un esempio possiamo immaginare che il signor Pincopallino effettua un viaggio di 10 ore a velocità costante e senza imprevisti.

Nella sostanza il Signor Pincopallino si è spostato dal punta A al punti B ed ha percorso 1.000 chilometri ma (nel contempo) la sua mente ha percorso distanze siderali ed è stata in ogni dove ed ha prodotto scenari sdolcinati ed anche scenari apocalittici ed in un susseguirsi incessante ed ogni esperienza (virtuale) è stata percepita come reale dal Sig.Pincopallino e alla fine del viaggio il Pincopallino si sentirà come un drogato ed in effetti si è auto-drogato durante tutto il viaggio in quanto il suo corpo ha reagito tramite emissione di ormoni e per ogni esperienza virtuale che ha vissuto la mente: e se pensi che il signor Pincopallino è un pazzo ti faccio notare che è la stessa esperienza che affronti ogni giorno ma forse non te ne sei mai accorto!

Ciclo di Creazione e Dissoluzione: Queste stanze virtuali seguono un ciclo continuo di creazione e dissoluzione. Appaiono e scompaiono nel flusso ininterrotto della coscienza, senza lasciare traccia tangibile. Ciò che resta è solo il ricordo fugace e la stanchezza di un'esperienza che subito prima sembrava completamente reale.

Disconnessione dalla Realtà Esterna: Durante il soggiorno in queste stanze virtuali, la mente si disconnette dalla realtà esterna. La focalizzazione sull'esperienza interna può portare alla perdita di consapevolezza del contesto circostante, creando un senso di separazione dal mondo esterno.

Consapevolezza dell'Effimero: Essere consapevoli di questa natura effimera delle nostre esperienze interne è fondamentale per sviluppare una Comprensione più profonda di sé stessi e della mente umana. Riconoscere che queste stanze virtuali sono solo momentanei riflessi della nostra coscienza ci aiuta a mantenere una prospettiva equilibrata e flessibile.

In conclusione, le "stanze virtuali" della mente sono un aspetto affascinante della nostra esperienza interiore. Ma pur apparendo reali e vivide nel momento presente, sono destinate a dissolversi in un flusso ininterrotto ed infruttifero.

Accogliendo questa natura effimera, possiamo abbracciare il momento presente con maggiore leggerezza e consapevolezza.

Consapevolezza come Guida: La consapevolezza di questi meccanismi è essenziale per uscire dal labirinto della mente umana. Essere consapevoli delle nostre tendenze e dei nostri limiti ci permette di agire in modo più equilibrato e consapevole: e ci permette di comprendere che l'unica realtà esistente è il momento presente.

ANALIZZARE LE PROPRIE ESPERIENZE:

Un altro modo per attivare la Comprensione è analizzare le nostre esperienze passate e presenti. Osservare i modelli ricorrenti nel nostro comportamento e nelle nostre reazioni ci permette di acquisire una maggiore consapevolezza delle nostre tendenze e dei nostri limiti.

Questo processo ci aiuta ad identificare le aree in cui possiamo migliorare e ci guida nel prendere decisioni più consapevoli nel futuro.

Una volta che un'esperienza emotiva è stata registrata nella mente, può condizionare il nostro comportamento futuro in vari modi. Le reazioni emotive intense tendono ad attivare il sistema limbico, la parte del cervello responsabile delle emozioni, del comportamento e delle risposte allo stress.

Di conseguenza, quando ci troviamo in situazioni simili in futuro, il nostro cervello può richiamare le memorie emotive associate a esperienze passate, influenzando così la nostra risposta e il nostro comportamento attuale.

Modelli Ricorrenti: Le esperienze emotive spesso generano modelli ricorrenti nel nostro comportamento e nelle nostre reazioni. Ad esempio, se abbiamo vissuto un evento traumatico in passato, potremmo sviluppare una maggiore sensibilità o iper-vigilanza nei confronti di situazioni simili in futuro.

Allo stesso modo, esperienze positive possono generare aspettative e atteggiamenti falsamente ottimistici nei confronti di eventi futuri.

Consapevolezza e Cambiamento: Analizzare le nostre esperienze emotive passate e presenti ci permette di diventare consapevoli dei modelli ricorrenti nel nostro comportamento e nelle nostre reazioni. Questa consapevolezza ci offre l'opportunità di esaminare in modo critico i nostri condizionamenti emotivi e di scegliere come rispondere in maniera consapevole ad ogni situazione: e non come semplice reazione.

Attraverso la pratica della riflessione attenta e della consapevolezza, possiamo gradualmente liberarci dai condizionamenti emotivi limitanti e adottare comportamenti più sani e positivi.

EMPATIA E COMPASSIONE:

La Comprensione di sé non può prescindere dalla Comprensione degli altri. Coltivare l'empatia e la compassione verso gli altri ci consente di vedere le cose da prospettive diverse e di apprezzare la complessità dell'esperienza umana. Questo ci aiuta a sviluppare una visione più completa di noi stessi e del mondo che ci circonda, contribuendo così al nostro processo di crescita personale e di consapevolezza.

Nel percorso verso la Comprensione di sé e degli altri, l'empatia e la compassione giocano un ruolo fondamentale. Tuttavia, è importante praticare queste qualità senza cadere nelle trappole del giudizio.

Accoglienza Senza Giudizio: Per coltivare l'empatia e la compassione, è essenziale accogliere le esperienze degli altri senza pregiudizi o valutazioni. Questo significa lasciare da parte il nostro modello di riferimento e aprire il cuore e la mente alla prospettiva altrui, accettando le persone e le loro esperienze esattamente come sono, senza cercare di cambiarle o giudicarle.

Ascolto Empatico: L'ascolto empatico è una pratica fondamentale per comprendere gli altri senza giudicare. Significa mettersi nei panni dell'altro, cercando di comprendere le loro emozioni, i loro pensieri e le loro esperienze senza cercare di imporre il nostro punto di vista o valutarli in base ai nostri standard di riferimento.

Ricordati che non sai esattamente dove e quando è nato il "tuo modello" di riferimento ed in questa sede ci stiamo interrogando di questo e non ci interessa giudicare.

Ecco quindi che l'ascolto empatico crea un'atmosfera di fiducia e Comprensione reciproca, permettendo alle persone di sentirsi veramente viste e ascoltate.

Rispetto della Diversità: Ogni individuo è unico, con esperienze di vita, prospettive e bisogni diversi. Coltivare l'empatia e la compassione significa rispettare e accettare questa diversità, senza cercare di imporre i nostri valori o credenze sugli altri. Riconoscere ed apprezzare la ricchezza della diversità umana ci aiuta a superare i nostri pregiudizi e ad aprirci a nuove prospettive e modi di pensare.

Praticare la Gentilezza: La gentilezza è un'altra forma di compassione senza giudizio. Significa trattare gli altri con rispetto, gentilezza e Comprensione, anche quando non comprendiamo completamente le loro esperienze o prospettive. Essere gentili ci consente di costruire connessioni significative con gli altri e di creare un ambiente di sostegno e inclusione.

In conclusione, coltivare l'empatia e la compassione senza giudicare è un elemento essenziale per la nostra crescita personale e per costruire relazioni significative con gli altri. Quando accogliamo le esperienze degli altri con apertura e rispetto, ci avviciniamo alla Comprensione di noi stessi.

Capitolo 6:

Giusto E Sbagliato Sono Convenzioni

Utili Per Massimizzare Le Risorse Disponibili

***

Nel tessuto della società umana, i concetti di "giusto" e "sbagliato" svolgono un ruolo cruciale nel plasmare il nostro comportamento e la nostra interazione con il mondo circostante ma posso anche condurre a "frustrazioni" del tutto infondate.

Ed in effetti le nozioni di *"giusto e sbagliato"* non sono assolute e non sono intrinsecamente incise nella pietra della realtà (anzi) sono solo convenzioni elaborate per ottimizzare l'utilizzo delle risorse disponibili e per ciò stesso devono essere mutevoli.

CONVENZIONI SOCIALI:

Le norme e i valori che definiscono ciò che è considerato "giusto" e "sbagliato" nella società umana sono il risultato di secoli di evoluzione culturale e sociale. Queste convenzioni sono state sviluppate per consentire la convivenza e per massimizzare l'utilizzo delle risorse disponibili che (in un dato contesto sociale) non sono mai illimitate.

<u>Accade però che da convenzioni utili al buon funzionamento della società si trasformano in convinzioni e **dogmi aberranti** e che possono produrre estremismi ingiustificati o frustrazioni altrettanto ingiustificate.</u>

Le norme e i valori che definiscono ciò che è considerato "giusto" e "sbagliato" nella società umana sono il risultato di un lungo processo di evoluzione culturale e sociale.

Queste convenzioni sono state sviluppate nel corso dei secoli per organizzare la convivenza tra gli individui ma alle volte si scontrano con le vocazioni dei singoli individui medesimi.

Ma non sono "sbagliati" gli individui in sé e neppure le Leggi in sé sono sbagliate ed il problema nasce dal compromesso di tutelare interessi che risiedono (per ciò stesso) su piani differenti del vivere e del convivere umano.

Evoluzione Culturale e Sociale: Le società umane sono sempre state soggette a cambiamenti e trasformazioni nel corso del tempo. Questi cambiamenti sono il risultato di un processo di evoluzione culturale e sociale, influenzato da una serie di fattori, tra cui l'ambiente fisico, le interazioni sociali, le scoperte tecnologiche e le esperienze storiche.

Adattamento alle Condizioni Ambientali: Le norme e i valori morali si sono sviluppati in risposta alle esigenze e alle sfide ambientali specifiche di una data comunità o periodo storico. Ad esempio, in società in cui le risorse naturali erano limitate, possono essere emerse norme rigide sulla proprietà privata e sulla distribuzione delle risorse per garantire la sopravvivenza e il benessere della comunità nel suo insieme.

Sviluppo delle Istituzioni Sociali: Le convenzioni sociali sono anche il risultato dello sviluppo di istituzioni sociali che regolano il comportamento individuale e collettivo. Queste istituzioni, come la famiglia, la religione, il governo e l'economia, hanno un'influenza significativa sulla formazione delle norme e dei valori all'interno di una società e sulla trasmissione di tali convenzioni da una generazione all'altra.

Tuttavia vi è sempre una certa "inerzia" e solitamente il "riconoscimento sociale" dei nuovi diritti accade solo in epoca successiva (ovvero) quasi sempre accade che solo una manciata di individui percepisce il cambiamento ma solo in seguito si ottiene il riconoscimento.

Coesione Sociale e Cooperazione: Le norme morali e i valori condivisi giocano un ruolo chiave nel mantenere la coesione sociale e promuovere la cooperazione all'interno di una comunità. Quando gli individui condividono una serie comune di norme e valori, sono più inclini a collaborare e a rispettare gli interessi collettivi, contribuendo così alla stabilità e al funzionamento efficace della società nel suo complesso.

Adattabilità e Cambiamento: Nonostante la stabilità delle norme e dei valori in molte società, è importante riconoscere che queste convenzioni sono soggette a cambiamenti nel corso del tempo. Le trasformazioni sociali, culturali, economiche e tecnologiche possono portare a modifiche nelle norme e nei valori condivisi, poiché le società si adattano alle nuove sfide e opportunità che si presentano loro.

In conclusione, le norme e i valori che definiscono ciò che è considerato "giusto" e "sbagliato" nella società umana sono il risultato di un processo dinamico e complesso di evoluzione culturale e sociale.

Queste convenzioni sono fondamentali per la convivenza e la cooperazione all'interno delle comunità umane ma continuano a evolversi per rispondere alle mutevoli esigenze e circostanze della vita sociale: ma non vi è nulla di assoluto e tutto è in divenire e quindi un individuo non può mai essere "sbagliato" e quindi non considerarti mai "sbagliato". Tuttavia potresti dover aspettare il "tuo tempo" o combattere contro ingiustizie ma un individuo non può mai essere sbagliato.

ADATTAMENTO AMBIENTALE:

Le norme etiche e morali che regolano il comportamento umano spesso riflettono le esigenze e le sfide ambientali specifiche di una data comunità o periodo storico. Ad esempio, regole riguardanti la proprietà privata e la condivisione delle risorse possono variare ampiamente in base al contesto geografico e alle risorse naturali disponibili.

Contesto Geografico: Il contesto geografico di una comunità può influenzare notevolmente le norme morali riguardanti la proprietà privata e la condivisione delle risorse.

In ambienti dove le risorse sono abbondanti e facilmente accessibili, come nelle società agricole basate sull'agricoltura di sussistenza, le norme sulla proprietà della terra possono essere più rigide perché ogni metro di terreno ha un valore economico significativo ed intrinseco.

 Al contrario, in ambienti dove le risorse sono limitate e scarsamente distribuite, come nelle società nomadi del deserto, le norme sulla proprietà possono essere molto meno restrittive in quanto difficilmente un metro di deserto può fare la differenza nella ricchezza personale.

Risorse Naturali Disponibili: Le norme morali riguardanti l'uso e la gestione delle risorse naturali dipendono (quindi) dalla disponibilità di tali risorse. In comunità dove le risorse idriche sono scarse, ad esempio, possono emergere norme sociali che promuovono il risparmio e la condivisione dell'acqua. Allo stesso modo, in aree ricche di risorse forestali, le norme sulla gestione sostenibile delle foreste possono essere al centro del sistema di valori della comunità.

Sviluppo Tecnologico: L'avanzamento della tecnologia e lo sviluppo economico possono influenzare le norme etiche e morali di una società. Ad esempio, i social media hanno rivoluzionato il modo in cui le persone comunicano e interagiscono tra loro, offrendo una piattaforma senza precedenti per connettersi e condividere idee, opinioni ed esperienze.

Una delle più significative trasformazioni portate dai social media è stata la possibilità per le minoranze non riconosciute di unirsi in gruppi e fare sentire la propria voce.

Prima dell'avvento dei social media, le minoranze spesso si trovavano isolate e prive di una voce significativa nella società. Le loro esigenze, preoccupazioni e sfide potevano essere ignorate o trascurate dalle istituzioni e dai media tradizionali. Con l'arrivo dei social media, queste comunità hanno ottenuto una piattaforma globale per condividere le proprie storie e sensibilizzare il pubblico su questioni importanti.

I gruppi sui social media hanno permesso alle persone di trovare altri individui con esperienze simili e di formare comunità solidali. Questi gruppi offrono sostegno emotivo, risorse pratiche e un senso di appartenenza che può essere vitale per coloro che si sentono emarginati o non rappresentati nella società più ampia.

Inoltre, i social media hanno consentito alle minoranze di organizzare proteste, petizioni e campagne di sensibilizzazione per promuovere il cambiamento sociale e politico. Attraverso hashtag, post virali e video condivisi, le voci delle minoranze possono essere amplificate e portate all'attenzione del pubblico globale.

Tuttavia, è importante riconoscere che i social media possono anche presentare sfide e rischi per le minoranze. La diffusione di disinformazione, discorsi di odio e cyberbullismo può minare gli sforzi delle comunità per fare sentire la propria voce in modo costruttivo. Inoltre, le piattaforme dei social media possono essere soggette a censure e restrizioni, limitando la libertà di espressione di alcune minoranze.

Cambiamenti Sociali e Culturali: I cambiamenti sociali ed economici possono portare a una ridefinizione delle norme etiche e morali di una società ed anche delle Leggi.

Ad esempio, la democrazia è nata sotto la spinta delle "borghesia" e la nascita della democrazia rappresenta un momento cruciale nella storia dell'umanità, e le sue origini sono strettamente legate a una serie di eventi e processi socio-economici che si sono verificati in Europa tra il XVIII e il XIX secolo.

In particolare, la spinta verso la democrazia è stata influenzata dalla crescente importanza della borghesia in Francia e dalla rivoluzione industriale in Inghilterra. Sviluppiamo questo concetto considerando il contesto storico e le dinamiche socio-economiche di quel periodo:

L'Emergenza della Borghesia in Francia: La borghesia, una classe sociale emergente composta da commercianti, imprenditori e professionisti, ha guadagnato crescente influenza e potere nel corso del XVIII secolo in Francia. Questo gruppo sociale, che godeva di una certa ricchezza e istruzione, si trovava spesso in conflitto con la nobiltà e con il clero, che detenevano tradizionalmente il potere politico ed economico. La borghesia desiderava maggiori opportunità di partecipazione politica e una maggiore libertà economica per perseguire i propri interessi commerciali e finanziari.

<u>La Rivoluzione Industriale in Inghilterra:</u> Nel frattempo, in Inghilterra, la rivoluzione industriale stava trasformando radicalmente il paesaggio economico e sociale del paese.

L'avvento della produzione meccanizzata e delle fabbriche portava a profondi cambiamenti nelle strutture produttive e nei modelli di lavoro. Questo ha creato nuove classi sociali, come la classe operaia industriale, che si sono riunite e si sono organizzate per rivendicare migliori condizioni di lavoro e una maggiore partecipazione politica.

<u>Le Idee Illuministe:</u> Le idee dei filosofi illuministi, come la libertà individuale, l'uguaglianza e la giustizia sociale, hanno contribuito a alimentare il fermento democratico in Europa.

Le loro opere criticavano il sistema monarchico assoluto e promuovevano l'idea di un governo basato sul consenso popolare e il rispetto dei diritti umani fondamentali. Queste idee hanno ispirato le masse a rivendicare una maggiore partecipazione politica e la fine dei privilegi aristocratici.

<u>La Nascita della Democrazia:</u> L'insieme di questi fattori ha contribuito alla nascita della democrazia moderna in Europa. Le rivolte popolari, le rivoluzioni politiche e le riforme legislative hanno portato alla progressiva abolizione del potere assoluto dei monarchi e all'istituzione di governi rappresentativi e parlamentari. La borghesia, con il suo desiderio di libertà economica e politica, ha svolto un ruolo chiave nel plasmare questa trasformazione, mentre la classe operaia ha lottato per il riconoscimento dei propri diritti e delle proprie dignità.

In conclusione, la democrazia è emersa in Europa come risultato di una serie di processi storici complessi, tra cui l'affermazione della borghesia, la rivoluzione industriale e l'influenza delle idee illuministe. Questi eventi hanno trasformato ogni percezione e fino ad insediare il modello di governo basato sulla partecipazione popolare e il principio della sovranità del popolo.

In conclusione, le norme etiche e morali che regolano il comportamento umano sono strettamente legate al contesto ambientale, alle risorse disponibili, allo sviluppo economico, ai cambiamenti sociali e culturali. Queste norme non sono fisse, ma si evolvono e si adattano alle mutevoli circostanze della vita umana, riflettendo le esigenze e le sfide specifiche di una determinata comunità ed in determinato periodo storico.

OTTIMIZZAZIONE DELLE RISORSE:

Il concetto di "giusto" e "sbagliato" può essere quindi definito come la gestione delle risorse, finalizzata a massimizzare il benessere collettivo all'interno di una comunità.

Le norme etiche e morali che governano il comportamento umano sono determinate dalla esigenza di massimizzare le risorse (tutto qua) ma non vi è nulla di assoluto e nessuno è mai sceso sul pianeta Terra per fornirci il libretto di istruzioni con i concetti di "giusto" e "sbagliato".

Queste norme riflettono i valori condivisi dalla società ma sono (solo) il risultato delle condizioni ambientali e le risorse disponibili.

Tutto ciò premesso è opportuno ridimensionare completamente la nostra percezione di ciò che è "giusto" e "sbagliato" e potremmo concludere che (in realtà) <u>l'equazione corretta sarebbe che giusto è ciò che si rende utile e funzionale alla massimizzazione delle risorse mentre sbagliato sarebbe ciò che è meno funzionale</u>!!!

Bisogna però ricordare che ogni individuo è per ciò stesso il centro dell'Universo e non necessita di ulteriori "riconoscimenti di funzionalità" per affrancarsi dalla discriminazione e quindi deve essere rispettato e anche se viene percepito come "poco funzionale" ma è comunque giusto e perfetto così com'è.

In conclusione, le nozioni di "giusto" e "sbagliato" sono convenzioni sviluppate per massimizzare l'utilizzo delle risorse disponibili all'interno di una comunità umana. Tuttavia, queste convenzioni sono solo convenzioni (appunto) e quindi sono relative ed ogni individuo non deve mai sentirsi "sbagliato" e anche se percepisce una concezione del mondo completamente diversa dal contesto in cui vive.

LE REGOLE NEI RAPPORTI UMANI:

Non meno importante è l'aspetto delle norme che disciplinano i rapporti tra esseri umani.

L'innamoramento (ad esempio) è un fenomeno biologico che ha radici profonde nell'evoluzione umana (ed in effetti) madre Natura ha progettato il meccanismo dell'innamoramento per favorire l'accoppiamento e la riproduzione, producendo sostanze chimiche nel cervello che influenzano la percezione cognitiva ed emotiva. Durante l'innamoramento, il cervello rilascia una serie di neurotrasmettitori, come la dopamina, la serotonina e l'ossitocina, che generano sensazioni di euforia, felicità e attaccamento verso il partner.

Tuttavia, l'innamoramento è un sentimento che può essere soggetto a variazioni nel tempo. Le sensazioni di euforia e passione iniziali possono diminuire gradualmente. Questo può portare a un cambiamento nella percezione cognitiva del rapporto e delle aspettative nei confronti del partner.

D'altra parte, il matrimonio è un istituto giuridico creato per promuovere la stabilità e la sicurezza all'interno della società. È un contratto legale che regola i diritti e i doveri dei coniugi, nonché le questioni legate alla proprietà, alla successione e alla custodia dei figli. Il matrimonio vorrebbe tutelare la stabilità sociale attraverso la stabilità del vincolo matrimoniale che disciplina il rapporto di coppia.

Tuttavia, l'amore romantico ed il contratto matrimoniale possono entrare in conflitto in alcune situazioni. Mentre l'innamoramento può svanire nel tempo, il contratto matrimoniale può essere difficile da scindere e può portare a un contrasto di interessi tra l'individuo e la società.

Questo contrasto può essere evidente quando le persone sentono di essere intrappolate in un matrimonio che non rispecchia più i loro desideri e le loro esigenze emotive.

E' da notare poi che "madre Natura" impiega secoli per elaborare un adattamento biologico (mentre) la società si evolve e cambia nel giro di poco tempo: ed in effetti lo "svezzamento" di un essere umano è il più lungo in assoluto e ciò è dovuto alla complessità di regole e nozioni che deve imparare a gestire.

È interessante notare la differenza nel processo di svezzamento tra gli esseri umani e altri animali.

Mentre il concetto di "svezzamento" può sembrare simile, le pratiche e le tempistiche variano notevolmente tra le specie.

Gli animali hanno un approccio più diretto e rapido allo svezzamento e già dopo la nascita il piccolo inizia a consumare erba o a cacciare semplicemente seguendo l'esempio della madre e altri membri del branco.

Questo processo avviene generalmente entro poche settimane o mesi dalla nascita e segue le regole dell'istinto e della imitazione e quindi lo svezzamento avviene rapidamente e con lo scopo di garantire che il cucciolo sia in grado di procurarsi il cibo da solo ed entro breve tempo.

D'altra parte, lo svezzamento umano è un processo molto più complesso e prolungato. Gli esseri umani, essendo esseri sociali e culturali complessi, hanno bisogno di apprendere una vasta gamma di conoscenze e abilità per adattarsi alla complessità della vita umana.

Lo svezzamento umano non riguarda solo l'introduzione del cibo necessario alla sopravvivenza, ma prevede anche l'apprendimento di comportamenti sociali, linguaggio, norme culturali e molto altro ancora.

Inoltre, il processo di svezzamento umano è influenzato da fattori culturali, sociali ed economici.

Tutto ciò premesso (è evidente) che si crea un conflitto tra i progetti di madre natura ed i progetti umani.

In definitiva, l'innamoramento ed il matrimonio rappresentano due aspetti complementari delle relazioni umane, con radici biologiche e sociali profonde.

Ma mentre l'innamoramento è guidato dalla biologia e dalle emozioni, il matrimonio è l'istituto giuridico che tende alla stabilità della famiglia e (quindi) della società: e trovare un equilibrio tra questi due elementi è impossibile ma non possiamo dire che "è sbagliato" l'innamoramento e neppure possiamo dire che "è sbagliato" il matrimonio: però possiamo Comprendere i meccanismi per affrancarci da ogni giudizio e concludere che un individuo non può mai essere "sbagliato" e non deve mai sentirsi "sbagliato".

leggi questa storiella...

C'era una volta un re di un'isola remota, chiamata Isola dell'Equilibrio, dove la popolazione era composta esattamente per metà da uomini e per metà da donne.

Il re, desideroso di mantenere l'armonia e l'equità tra i suoi sudditi, decise di promulgare una legge che stabiliva il matrimonio come unione tra un uomo e una donna.

Inizialmente, la legge funzionò alla perfezione e le coppie si formavano con facilità, con ogni uomo che aveva una donna e viceversa.

Tuttavia, un giorno, una serie di eventi sfortunati portò a una significativa discrepanza di genere nell'isola. Molti uomini lasciarono l'isola per motivi di lavoro, mentre molte donne migrarono dall'entroterra in cerca di opportunità migliori.

Il re si trovò di fronte a una situazione senza precedenti: ora c'erano molte più donne che uomini sull'isola. Con il 25% di uomini e il 75%

di donne, la legge sul matrimonio univoco non poteva più essere applicata in modo equo.

Dopo aver consultato i suoi consiglieri e ascoltato i pareri dei suoi sudditi, il re si rese conto che doveva trovare una soluzione per garantire che ogni donna avesse la possibilità di trovare un compagno. Dopo lunghe riflessioni e dibattiti, decise di introdurre la poligamia come soluzione temporanea al problema.

La nuova legge consentiva a un uomo di sposare più di una donna, purché fosse in grado di fornire sostegno e cura a ciascuna di esse. Questa decisione non fu presa alla leggera, ma come un mezzo per garantire l'equità e la felicità di tutti i cittadini dell'isola.

Con il passare del tempo, la poligamia divenne accettata come parte integrante della cultura dell'Isola dell'Equilibrio. Le donne erano libere di scegliere se unirsi in matrimonio con un uomo poligamo, e gli uomini che potevano sostenere più di una moglie erano considerati rispettati membri della comunità.

Così, nonostante le sfide iniziali, il re e i suoi sudditi trovarono una soluzione che manteneva l'equilibrio e l'armonia nell'isola: e ciò che prima era "sbagliato" adesso veniva percepito come "giusto" e tutti vissero felici.

Capitolo 7:

Identità e Personalità Sono Strumenti Utili

Ma Non Devi Illuderti

***

Alla nascita, ci viene assegnato un nome che diventa l'etichetta della nostra identità. Questo nome ci distingue dagli altri e ci identifica all'interno della società.

Inoltre, abbiamo anche un codice fiscale o numeri di identificazione simili, che vengono utilizzati per scopi amministrativi e legali.

Questi strumenti sono utili per la gestione delle risorse e per facilitare le transazioni quotidiane, ma non rappresentano la nostra vera identità.

Il concetto di ipnosi collettiva si basa sulla convinzione che la società eserciti un'influenza significativa sull'individuo, plasmando le sue credenze, i suoi valori e la sua identità. Questa ipnosi collettiva inizia fin dalla nascita, quando ci viene assegnato un nome ed un numero di identificazione che ci distinguono all'interno della società. Questi strumenti sono utili per scopi pratici, ma non rappresentano l'intera gamma della nostra identità.

Perché il sistema di ipnosi collettiva funzioni, è necessario assegnare un "codice a barre" e poi inculcare nell'individuo una pluralità di credenze e valori condivisi all'interno della società.

Queste credenze possono riguardare l'etica, la moralità, le norme sociali, le tradizioni culturali e altre convenzioni sociali che definiscono il modo di vivere e interagire all'interno di una comunità.

Ad esempio, la società può inculcare l'idea che il successo sia misurato dal possesso di beni materiali o dal raggiungimento di determinati obiettivi nella carriera professionale. Inoltre, può promuovere ideali di bellezza, ruoli di genere e modelli di comportamento che influenzano la percezione di sé e degli altri.

Queste credenze condivise sono spesso trasmesse attraverso la famiglia, l'istruzione, i media e altre istituzioni sociali, creando un tessuto comune di valori condivisi all'interno della società. Questo processo di socializzazione contribuisce a consolidare l'ipnosi collettiva, poiché le persone tendono ad adottare e interiorizzare le credenze e i valori del gruppo in cui sono prima "etichettate" e poi inserite.

Tuttavia, è importante riconoscere che queste credenze non sono mai universali o immutabili. Possono variare da cultura a cultura, da epoca a epoca e da contesto a contesto.

Inoltre, possono essere soggette a cambiamenti e trasformazioni nel corso del tempo, in risposta a nuove sfide, scoperte o cambiamenti sociali.

Pertanto, l'ipnosi collettiva può essere vista come un fenomeno complesso e dinamico, che riflette la natura evolutiva della società umana e il costante processo di negoziazione e costruzione dell'identità individuale e collettiva.

È importante interrogarsi criticamente su queste credenze e valori, esaminandoli alla luce della propria esperienza personale e del contesto sociale più ampio, al fine di sviluppare una maggiore consapevolezza e autonomia di pensiero.

Invece accade il contrario e durante il nostro percorso di vita, subiamo una serie di condizionamenti e influenze esterne che plasmano la nostra personalità e il nostro modo di essere. Questi condizionamenti possono provenire dalla famiglia, dall'istruzione, dai media, dalla cultura e dalla società in generale.

Ciò che consideriamo parte integrante della nostra personalità è (quasi sempre) il risultato di questi condizionamenti e non necessariamente una manifestazione autentica del nostro sé interiore.

I condizionamenti sociali sono come catene invisibili che ci imprigionano, plasmando la nostra identità e la nostra coscienza senza che ne siamo pienamente consapevoli.

Siamo condannati fin dalla nascita ad essere modellati dagli schemi culturali e sociali che ci circondano: e la prospettiva più triste è che chiamiamo "coscienza" l'insieme delle credenze che ci hanno inculcato.

Immagina di essere un burattino nelle mani di un burattinaio invisibile, manipolato a suo piacimento per soddisfare gli interessi della società. I fili che ci tengono legati a questa marionetta sociale sono costituiti dai condizionamenti che ci vengono imposti fin dai primi istanti di vita.

Il nome che ci viene dato, il genere che ci viene assegnato, le regole ed i condizionamenti che ci vengono inculcati fin dall'infanzia diventano parte di noi, plasmando la nostra identità in modi che spesso non siamo in grado di riconoscere.

La famiglia ci insegna i valori e le tradizioni che ci sono stati trasmessi attraverso le generazioni, i media ci bombardano con immagini e messaggi che ci dicono cosa dovremmo desiderare e aspirare, l'istruzione ci inculca nozioni e credenze che vengono accettate come verità assolute.

Tutti questi fattori contribuiscono a costruire ciò che consideriamo la nostra personalità (e la nostra coscienza) ma in realtà sono solo facciate illusorie o voci interiori e di cui non conosciamo la provenienza esatta: ma che occultano la vera essenza del nostro essere.

Persino la cosiddetta "coscienza" che ci guida nel discernere ciò che è giusto da ciò che è sbagliato è creata dai condizionamenti sociali.

Ciò che percepiamo come la nostra voce interiore è spesso solo l'eco delle norme e delle aspettative della società che si riflettono nella nostra mente, limitando o annullando la nostra capacità di pensare in modo indipendente.

<u>In questo scenario, diventa chiaro che la libertà individuale è solo una illusione, poiché siamo schiavi dei condizionamenti che ci hanno inculcato (a nostra insaputa) e fin dalla nascita e che ancora ci circondano.</u>

La nostra identità e la nostra coscienza sono solo riflessi distorti della società che ci ha plasmato a sua immagine e somiglianza. Solo prendendo consapevolezza di questi condizionamenti e cercando di liberarcene possiamo sperare di scoprire la vera essenza del nostro essere e di trovare una via verso la libertà autentica.

Questa situazione può portare all'illusione dell'identità e della personalità.

Ci identifichiamo con le etichette e i ruoli che ci vengono assegnati dalla società, senza mettere in discussione la loro autenticità o riconsiderare la loro validità.

Ciò può limitare la nostra capacità di esplorare e sviluppare appieno il nostro potenziale umano, confinandoci in categorie predefinite e restrittive.

La società ci costringe in una gabbia invisibile, dove le nostre identità sono simili a "scatole preconfezionate" ed etichettate e i nostri destini sono già scritti prima ancora di nascere. Ci troviamo quindi imprigionati in ruoli predeterminati, vincolati da aspettative e stereotipi che ci definiscono a priori.

Immagina di essere un animale selvatico catturato e rinchiuso in uno zoo, costretto a vivere una vita artificiale e priva di libertà. Così come quegli animali sono relegati nei loro recinti, noi siamo confinati nel perimetro delle categorie sociali che ci vengono assegnate fin dalla nascita: uomo, donna, ricco, povero, intelligente, stupido.

Le etichette ci stringono in un abbraccio stretto, soffocando la nostra individualità e impedendoci di esprimere la piena gamma della nostra umanità.

Ci illudiamo di essere liberi, ma in realtà siamo prigionieri della identità e delle regole che ci hanno imposto o somministrato.

Ci identifichiamo così tanto con queste etichette che diventano la nostra realtà, dimenticando che siamo molto di più di ciò che ci viene detto di essere. Ci aggrappiamo ai nostri ruoli come fossimo in un mare tempestoso, temendo di affogare se ci allontaniamo anche solo di un passo dalla riva sicura della conformità sociale.

Questa illusione dell'identità e della personalità ci rende vulnerabili alla manipolazione e al controllo, poiché ci impedisce di mettere in discussione il sistema che ci tiene prigionieri.

Ci adattiamo alle aspettative degli altri, sacrificando la nostra autenticità sull'altare della conformità. E mentre ci arrendiamo alle pressioni della società, la nostra vera essenza rimane imprigionata, soffocata da catene invisibili che ci legano al passato e ci impediscono di volare verso un futuro di libertà e autenticità.

È importante quindi non combattere contro un nemico invisibile ma acquisire una serena consapevolezza dei vari fenomeni che ci hanno condizionato e tentare di emanciparci dai condizionamenti esterni che limitano la nostra libertà e autenticità.

Questo non significa rifiutare completamente le convenzioni sociali e neppure scadere nello sconforto sarebbe utile: ma piuttosto è necessario Comprendere in maniera serena i meccanismi che ci hanno imprigionato e la semplice Comprensione (per ciò stesso) scioglie le catene e ci riconsegna alla Libertà.

Dobbiamo strappare le maschere che ci sono state assegnate e guardare dentro noi stessi con occhi nuovi, senza pregiudizi o condizionamenti.

È come svegliarsi da un lungo sonno e scoprire che il mondo che ci circonda non è quello che pensavamo fosse. È un viaggio doloroso e spaventoso, ma è anche liberatorio e pieno di possibilità.

Non dobbiamo combattere contro nemici esterni o fantasmi del passato; la nostra battaglia è contro noi stessi, contro la paura e l'ignoranza che ci tengono prigionieri nelle catene della nostra stessa mente. È una lotta solitaria e intima, ma anche collettiva e universale, poiché tutti noi siamo intrappolati nello stesso labirinto di illusioni e falsità.

La Comprensione è la nostra arma più potente in questa battaglia. È il faro che ci guida attraverso le tenebre della confusione e della disperazione.

La Comprensione è il ponte che ci conduce dalla prigione dell'illusione alla libertà della Verità.

Quando comprendiamo veramente chi siamo e qual è il nostro posto nel mondo, non abbiamo bisogno di combattere o resistere. Siamo semplicemente liberi di essere noi stessi, senza paura o timore.

Così, mentre il mondo continua a girare intorno a noi, possiamo rimanere fermi nel nostro centro, consapevoli e sereni. Non siamo più schiavi delle convenzioni sociali o delle aspettative degli altri. Siamo esseri liberi e autentici, pronti a vivere la vita con tutto il coraggio e la saggezza che possediamo. E in questo stato di libertà e consapevolezza, possiamo finalmente trovare la pace e la felicità che abbiamo sempre desiderato.

In conclusione, identità e personalità sono strumenti utili per navigare nel mondo sociale, ma non dobbiamo illuderci che siano reali e al di là della loro utilità sociale.

È importante muoversi con disinvoltura nel mondo materiale ma bisogna sempre ricordare che il nostro agire quotidiano accade all'interno di "costruzioni sociali" utili alla sopravvivenza: ma dobbiamo anche ricordarci che esiste un orizzonte più ampio e come pure esiste un nostro mondo interiore e che è altrettanto importante.

Anzi, dobbiamo sempre ricordare che il mondo materiale e le costruzioni sociali sono gli strumenti (utili e necessari) al nostro benessere personale e dobbiamo abbracciare la nostra vera essenza e al di là delle convenzioni e delle aspettative esterne.

Dobbiamo smettere di vivere nell'illusione di essere ciò che il mondo vuole che siamo. Le etichette e i ruoli che ci sono stati assegnati non ci definiscono veramente; sono solo maschere che indossiamo ma non possono occultare a noi stessi la nostra autenticità: usiamole ma non facciamoci usare.

Queste maschere ci proteggono se usate in maniera consapevole ma ci imprigionano e ci tengono legati a una realtà fittizia se scadiamo nella illusione che sono reali.

È come vivere in una grande recita teatrale, dove ognuno recita la parte che gli è stata assegnata senza mai chiedersi se quella parte sia davvero la sua. Ma noi non siamo attori in un palcoscenico; siamo esseri umani, pieni di potenziale e possibilità. È ora di toglierci le maschere e mostrare al mondo chi siamo veramente.

Non possiamo più permettere che le convenzioni sociali ci limitino e ci definiscano. Dobbiamo sfidare la falsa autorità delle etichette e dei ruoli, e trovare il coraggio di essere autentici e veri ma non è una ribellione.

<u>E' una trasformazione serena e attraverso la Comprensione la Libertà accade come conseguenza immediata e diretta.</u>

Identità e personalità sono strumenti utili, ma non dobbiamo mai dimenticare che si tratta solo di costruzioni sociali e non di realtà ultime.

È tempo di guardare oltre le apparenze e abbracciare la nostra vera essenza. È tempo di essere veri, di essere liberi, di essere noi stessi.

Leggi questa storiella...

C'era una volta un uomo di grande successo, applaudito e ammirato da tutti. Ogni giorno si immergeva nell'abbraccio della fama e del riconoscimento, ed era convinto che quella fosse la sua vera identità.

Viveva nel costante riflesso dell'ammirazione altrui, alimentando la sua anima con gli applausi che lo circondavano.

Ma un giorno, all'improvviso, si svegliò e si rese conto di essere l'unico rimasto sulla faccia della terra. Nessun altro lo applaudiva, nessuno lo ammirava più.

Un senso di vuoto lo avvolse, mentre cercava disperatamente gli applausi che aveva sempre considerato essenziali per nutrire il suo spirito.

Vagò per il mondo deserto, scrutando l'orizzonte nella speranza di trovare anche solo un'anima che lo applaudisse. Ma il silenzio regnava sovrano, interrotto solo dal suono dei suoi passi solitari sulla terra desolata.

Con il passare del tempo, però, qualcosa cambiò dentro di lui. In mezzo al silenzio assoluto, iniziò a riflettere sul vero significato della sua esistenza.

Si rese conto che gli applausi non erano ciò che lo rendeva reale. La sua identità non era definita dalle ovazioni della folla, ma dalla sua stessa essenza, dalla sua autenticità interiore.

Così, mentre camminava nel deserto della sua solitudine, trovò la forza di accettare se stesso per quello che era veramente.

Scoprì che la vera felicità non risiedeva nell'approvazione degli altri, ma nella consapevolezza di essere fedele a se stesso: e come per magia riapparve il Mondo.

Egli Era Reale: e adesso lo sapeva ed indipendentemente da tutto il resto.

Capitolo 8:

Puoi Avere Un Ruolo Sociale:

Ma Tu Non Sei Il Tuo Ruolo Sociale.

***

E' inquietante notare che spesso si pone ai bambini la classica domanda _"cosa vuoi fare da grande?"_ e come se il tempo del bambino non fosse già perfetto (per ciò stesso) ma è già strumentale ad un "fare" futuro.

E' aberrante notare che se domandi ad un adulto _"chi sei"_ la risposta è sempre _"un fare"_ e poi viene descritto il lavoro svolto.

Può sembrare banale ma è opportuno ribadire che _"il fare"_ è strumentale all'essere e non il contrario (ovvero) faccio per mangiare e mangio per essere: e quindi il centro ed il fine è l'Essere e non il fare.

È una prassi comune chiedere ai bambini cosa desiderano fare da grandi, come se il tempo del bambino non fosse già perfetto in sé stesso, ma dovesse essere già orientato verso un futuro definito.

È come se la società imponesse precocemente un'idea di successo legata al lavoro e al ruolo sociale, trascurando l'importanza dell'essere e dell'esistere nel presente del bambino.

E' prassi comune rivolgere ai bambini la domanda: "Cosa vuoi fare da grande?" e sembra una domanda innocente (ma non lo è affatto) e già in quella domanda si possono scorgere il riflessi dei condizionamenti subiti dall'adulto ed un'idea distorta del tempo e della realizzazione personale.

Ciò che questa domanda implica è che il tempo del bambino, il suo essere nel presente, non sia abbastanza.

Come se il bambino debba già proiettarsi verso un futuro definito, dove il successo è misurato dal tipo di lavoro che svolgerà.

È come se il bambino dovesse già avere una risposta pronta su quale ruolo sociale svolgerà, anziché concentrarsi sull'essere e sull'esistere nel qui e ora e nella gioia di essere un bambino.

Questa mentalità distorta riflette una società che valorizza eccessivamente il fare rispetto all'essere. Si trascura il valore intrinseco dell'essere umano e si focalizza esclusivamente sulle attività che possono portare ad un risultato tangibile o ad un guadagno economico.

In maniera implicita il bambino è già diventato strumentale e prigioniero ma ti un tempo che ancora deve venire e che ancora non esiste.

Eppure, cosa c'è di più importante dell'essere, dell'esistere in questo momento, della gioia e dell'innocenza del bambino che scopre il mondo intorno a sé? È in questo spazio di pura esistenza che risiede la vera ricchezza, non nelle ambizioni di carriera o nei ruoli sociali che la società impone.

Il vero dramma dietro questa mentalità è che si insegna ai bambini ad identificare la propria identità con ciò che faranno in futuro e già in questa semplice domanda è contenuto un condizionamento implicito (e subdolo) ed è già iniziato il processo di eventi che porteranno alla "ipnosi collettiva" e con tutti gli effetti collaterali.

Si crea così un legame stretto tra il lavoro svolto e l'identità personale, trascurando l'essenza più profonda di ogni individuo.

E non è solo una questione dei bambini. Anche gli adulti cadono nella trappola di identificarsi con ciò che fanno. Quando chiedi a un adulto "chi sei?", la risposta è spesso una lista di ruoli sociali: "Sono un insegnante", "Sono un avvocato", "Sono un commerciante".

Ma questi sono solo i ruoli che si svolgono nella società ma eludono la vera risposta ed il problema fondamentale è che si dà priorità al fare rispetto all'essere.

Si crede che il successo e la realizzazione personale derivino principalmente dal lavoro svolto e dal ruolo sociale occupato. Ma questo è un grave fraintendimento ed è la somma dei fraintendimenti che conduce al disastro finale.

Per intenderci è come se chiedessi ad un amico *"cosa mangi 'sta sera"* e quello mi risponde *"'sta sera mangio piatto, forchetta e coltello"* e non mi sembra un ottimo menù ed è ovvio che il mio amico ha confuso il mezzo con il fine.

Se io fossi normale dovrei insospettirmi che forse il mio amico è impazzito (in quanto si ripropone di mangiare coltello e forchetta): ma nella "ipnosi collettiva" questo processo di critica non accade e quindi poniamo domande prive di significato ed accettiamo risposte prive di significato (ma non ce ne accorgiamo neppure) e siamo anche convinti che vi è stata una iterazione!!!

Sì, ed in effetti vi è stata una iterazione ma solo tra due entità altrettanto fittizie e che si chiamano Ego: ma il vero fulcro della nostra esistenza dovrebbe essere l'essere, non il fare.

Dovremmo imparare a riconoscere e valorizzare la nostra essenza più profonda, al di là dei ruoli sociali e delle attività lavorative. Dovremmo imparare a vivere nel momento presente, ad apprezzare la bellezza della vita senza la costante preoccupazione per il futuro.

È solo abbracciando l'essenza del nostro essere che possiamo davvero trovare la felicità e la realizzazione personale.

Dobbiamo imparare a separare la nostra identità dall'attività che svolgiamo e a riconoscere il valore intrinseco di ogni individuo, indipendentemente dal suo lavoro o dal suo status sociale.

Solo quando riusciamo a fare questo, possiamo veramente liberarci dalla prigione dell'identificazione con il fare e abbracciare la libertà e la pienezza dell'essere umano.

È solo allora che possiamo vivere una vita autentica e significativa, liberi dalla pressione costante di dover dimostrare il nostro valore attraverso ciò che facciamo anziché chi siamo.

Eppure, è importante riflettere sul fatto che l'identità di un individuo non può essere ridotta al ruolo che svolge nella società.

Il concetto di identità è molto più ampio e complesso di ciò che si fa per vivere. Troppo spesso, ci identifichiamo esclusivamente con il nostro lavoro, dimenticando che siamo molto di più di ciò che facciamo per guadagnare da vivere.

La pratica comune di associare l'identità di un individuo esclusivamente al suo ruolo sociale o al lavoro svolto è profondamente inquietante.

Si tratta di una vera e propria ipnosi radicata nella società e che riflette una visione distorta e riduttiva dell'esistenza umana: e tra l'altro l'interesse che riponiamo nella risposta ben dimostra che nella nostra mente stiamo già valutando (ovvero soppesando) l'eventuale utilità ed i vantaggi che potrò trarre dal rapporto con quella persona (ovvero) ho già ridotto l'interlocutore ad uno strumento per i miei scopi e viceversa.

La domanda in sé è lecita: ma a ben vedere si scade spesso in una dinamica distorta e per la quale l'interlocutore risponde (con il suo status) ma di fatto sta aprendo "la vetrina-teatro" del suo negozio del fare ed io divento il potenziale acquirente dell'individuo stesso e come se fosse una merce: salvo poi (eventualmente) invertire i ruoli e fino ad arrivare al paradosso per cui (spesso) non si comprende chi sta vendendo chi e che cosa?

Non di rado accade poi che la medesima domanda sotto intende ad una "gara implicita" e dove misuriamo *"chi ha vinto?"* E la risposta sarebbe "nessuno" in quanto non abbiamo detto niente (ovvero) abbiamo perso entrambi perché in realtà non ci siamo mai neppure incontrati: ma l'ipnosi collettiva occulta questa verità.

Quando rivolgiamo la domanda "chi sei?" a un adulto, siamo noi stessi che ci aspettiamo una risposta che definisca la sua occupazione o il suo status lavorativo. Come se l'essere umano fosse semplicemente il risultato delle sue attività lavorative o del ruolo che svolge nella società.

Questo approccio riduzionista alla identità umana trascura completamente la ricchezza e la complessità dell'essere umano.

L'identità di un individuo non può essere confinata in una unica dimensione, come il lavoro o il ruolo sociale.

Siamo esseri multidimensionali, composti da una molteplicità di sfaccettature, esperienze e aspirazioni. Ridurre la nostra identità a ciò che facciamo per vivere è un'ingiustizia nei confronti della nostra umanità.

Ed il problema non è strettamente legato ad una società (eventualmente) frenetica ed orientata al successo materiale: in quanto la società (di per sé) è una entità astratta e coordinata da un insieme di regole e non possiamo prendercela con un fantasma.

E' opportuno ricordare in oltre che chiunque ci ha condizionato ha potuto farlo solo perché noi abbiamo permesso che ciò accadesse ed in quanto è molto più comodo accettare passivamente delle verità comode.

Preoccupiamoci piuttosto di risvegliare il nostro vero senso critico e fino a comprendere che siamo anche fatti di passioni, interessi, relazioni, sogni e aspirazioni. Siamo esseri pensanti, emotivi, creativi, e le nostre identità sono costruite su una vasta gamma di esperienze e influenze.

È tempo di sfidare questa concezione ristretta della identità e riconoscere che siamo molto di più di ciò che facciamo per guadagnare da vivere. Dobbiamo riscoprire il valore intrinseco dell'essere umano al di là dei ruoli sociali e delle etichette lavorative.

Dobbiamo imparare a riconoscere e celebrare la complessità della nostra identità e a valorizzare tutte le dimensioni che la compongono.

Lavorare e avere un ruolo sociale sono certamente importanti nella nostra vita, ma non dovrebbero definirci completamente.

Dobbiamo guardare oltre le nostre occupazioni e ruoli nella società e abbracciare la nostra intera umanità.

Solo allora potremo veramente comprendere e apprezzare chi siamo veramente, al di là delle convenzioni e delle aspettative esterne.

Se chiedi a un adulto chi è, la risposta più comune sarà legata al lavoro che svolge: "Sono un'insegnante", "Sono un avvocato", "Sono un muratore". Ma questa risposta riflette solo una parte della realtà dell'essere umano.

L'unicità di una persona non può essere ridotta al suo lavoro o al suo ruolo sociale; si tratta solo di una delle molteplici sfaccettature che compongono l'essere umano e chiedere ad un adulto chi è ed ottenere come risposta il suo lavoro è come chiedere a un'arancia chi è e ricevere come risposta "sono una buccia" di arancia.

È ridicolo e limitante ridurre la complessità dell'essere umano "alla buccia" del ruolo lavorativo ed è come dire che l'intera identità di un individuo può essere racchiusa in una singola etichetta.

Lavorare è importante, certo, ma non dovrebbe definire completamente chi siamo. Immaginare che la nostra identità si limiti a ciò che facciamo per guadagnare da vivere è come sostenere che l'arancia sia solo la sua buccia e nulla di più.

Ignoriamo completamente l'essenza, le passioni, i sogni e le aspirazioni che rendono ogni individuo unico e prezioso.

Dobbiamo guardare oltre il lavoro e il ruolo sociale e riconoscere la complessità e la bellezza di ogni essere umano.

Dobbiamo imparare a valorizzare e celebrare tutte le dimensioni dell'essere umano e solo allora potremo veramente apprezzare e comprendere la ricchezza della nostra umanità.

Il concetto di "fare" è spesso visto come strumentale all' "essere", ma in realtà dovrebbe essere il contrario e dovremmo prima essere e poi fare: o altrimenti diventiamo come un attore (pazzo) che crede di essere diventato il personaggio che recita.

Dovremmo permetterci di esistere pienamente e felici di esistere ed indipendentemente dal nostro lavoro o dal nostro ruolo nella società.

Ciò non significa negare l'importanza del lavoro o del ruolo sociale; sono elementi cruciali della nostra vita e possono portare soddisfazione e realizzazione personale.

Tuttavia, è fondamentale non lasciare che il nostro lavoro definisca interamente chi siamo. Dobbiamo trovare equilibrio tra ciò che facciamo e chi siamo realmente.

Inoltre, dovremmo incoraggiare i bambini a esplorare la propria identità al di là delle aspettative sociali legate al lavoro. Dovrebbero essere incoraggiati a sviluppare passioni, interessi e talenti unici, senza sentirsi vincolati da idee preconcette di successo o di ruolo sociale.

Dobbiamo imparare a valorizzare e rispettare l'essenza di ogni individuo, al di là del suo lavoro o del suo status sociale. Ognuno di noi ha una ricchezza interiore che va oltre il ruolo che svolge nella società. È importante riconoscere e celebrare questa diversità, anziché limitare l'identità di una persona al suo lavoro o al suo ruolo sociale.

In conclusione, possiamo avere un ruolo sociale nella società, ma non siamo il nostro ruolo sociale. Dobbiamo imparare a separare la nostra identità dall'attività che svolgiamo e a valorizzare l'essere umano nella sua interezza.

Solo così possiamo vivere una vita autentica e piena, liberi dalle limitazioni imposte e dalle convenzioni sociali e dalle aspettative esterne.

C'era una volta, in un remoto villaggio immerso nelle foreste lussureggianti, una comunità di cacciatori. In questo villaggio, la figura più rispettata e ammirata era Grinta, un cacciatore noto per la sua incredibile abilità nel seguire le tracce degli animali e per la sua straordinaria capacità di cacciare con successo le prede più elusive.

Grinta era un uomo di forte temperamento, con una determinazione che non conosceva confini. Quando si trattava di cacciare, nessuno poteva eguagliare la sua ferocia e la sua determinazione. Ogni volta che partiva per la caccia, tornava al villaggio con un abbondante bottino di cibo, che manteneva la comunità nutrita e prospera.

La sua abilità nell'uso dell'arco e delle trappole era leggendaria, e la sua fama di cacciatore eccezionale si diffuse in tutta la regione. Grinta veniva acclamato come un eroe, e la sua aggressività era vista come un tratto virtuoso, necessario per la sopravvivenza della comunità nella dura realtà della caccia.

Tuttavia, accaddero delle trasformazioni ed il villaggio decise di abbandonare lo stile di vita da cacciatori per adottare l'agricoltura come mezzo principale di sostentamento.

Questo cambiamento portò con sé una nuova serie di sfide e opportunità. La comunità dovette imparare a coltivare la terra, a piantare i raccolti e (sopra tutto) a cooperare in armonia per garantire il successo delle colture.

In questa nuova organizzazione agricola, l'aggressività di Grinta non era più vista con gli stessi occhi. Mentre prima la sua ferocia lo rendeva un eroe della caccia, ora la stessa aggressività lo isolava dagli altri membri del villaggio. La sua incapacità di cooperare e di lavorare insieme agli altri coltivatori creava tensioni e contrasti all'interno della comunità.

Grinta si ritrovò in una situazione difficile, poiché la sua aggressività non era più considerato un vantaggio nella nuova società agricola. Nonostante i suoi sforzi per adattarsi e imparare le nuove tecniche agricole, la sua natura aggressiva continuava a metterlo in contrasto con gli altri membri del villaggio.

Con il passare del tempo, Grinta si rese conto che doveva trovare un equilibrio tra la sua ferocia innata e la necessità di collaborare e lavorare insieme agli altri.

Solo attraverso la Comprensione e l'accettazione delle differenze tra di loro, la comunità potrebbe prosperare e crescere nella nuova era agricola.

Così, Grinta iniziò un viaggio di auto-riflessione e crescita personale, imparando ad apprezzare il valore della cooperazione e della compassione nei confronti degli altri.

Con il tempo, riuscì a superare le sue tendenze aggressive e a diventare un membro rispettato e apprezzato della comunità agricola, contribuendo al successo e al benessere di tutti.

NOTA IMPORTANTE:

Ma è da notare che Grinta era giusto ed apprezzato in un contesto sociale ma non lo era nel contesto successivo e quindi non c'è niente di "giusto e sbagliato" in assoluto!!!

Capitolo 9:

La Società È Strumento Di Libertà:

Liberarsi Dalle Distorsioni Ingannevoli

***

La società nasce come un meccanismo di coesione, un'entità finalizzata a garantire la sicurezza e il benessere degli individui che ne fanno parte.

In teoria, dovrebbe essere uno strumento di libertà per ogni individuo, offrendo un contesto in cui le persone possano prosperare e sviluppare le proprie potenzialità. Tuttavia, per funzionare in modo efficace, la società spesso si trova ad esercitare un certo grado di condizionamento sugli individui.

Questo condizionamento può assumere varie forme, dalle norme sociali e culturali alle leggi e alle istituzioni che regolano la vita quotidiana.

È attraverso questo processo di condizionamento che la società tenta di promuovere la coesione e l'ordine sociale.

Tuttavia, questo stesso meccanismo può creare delle distorsioni ingannevoli e portare ad illusioni aberranti.

Una delle principali distorsioni è quella legata alla perdita di libertà individuale.

Sebbene la società sia nata per garantire la libertà e il benessere degli individui, spesso finisce per annientare l'individuo dall'interno e fin dalla nascita.

La società, nata con l'intento di promuovere la libertà e il benessere degli individui può trasformarsi nel carcere perfetto e che non mostra neppure le sue sbarre e le sue guardie.

Fin dalla nascita siamo indotti in una ipnosi collettiva e siamo immersi in un contesto sociale che ci impone aspettative, norme e ruoli da seguire. Questo processo di condizionamento inizia sin dai primi istanti di vita, quando ci viene assegnato un nome e un'identità sociale.

Man mano che cresciamo, ci troviamo sempre più coinvolti in un sistema che tende a ridurre la nostra individualità ad un insieme di compiti predefiniti e ruoli socialmente accettati.

La società ci insegna cosa dovremmo fare e chi dovremmo essere, limitando così il nostro potenziale e la nostra creatività.

Ciò che potrebbe essere un cervello pieno di potenzialità e di possibilità viene spesso ridotto a una macchina che esegue compiti ripetitivi e predefiniti. Le persone vengono categorizzate in base alle loro abilità e competenze, e vengono assegnati loro ruoli specifici all'interno della società.

Questo processo di riduzione in schiavitù della persona è subdolo e vorrebbe trattare l'individuo come un semplice "ingranaggio sociale" ed ha conseguenze profonde e negative sulla nostra esperienza umana. Ci priva della libertà di esplorare e sviluppare appieno il nostro potenziale, confinandoci invece in ruoli rigidi e limitanti.

Inoltre, questa riduzione dell'individuo a un ruolo sociale predeterminato porta spesso a una perdita di senso di sé ed in cambio restituisce una identità fasulla e comunque artificiale.

Le persone spesso si identificano esclusivamente con il loro lavoro o con il ruolo che svolgono nella società, perdendo di vista la ricchezza e la complessità della propria individualità.

Questa situazione può portare a una sensazione di vuoto e insoddisfazione, poiché l'individuo si rende conto che c'è molto di più in lui rispetto a ciò che la società gli permette di esprimere.

La frustrazione e il senso di smarrimento possono diventare diffusi, alimentando una profonda crisi di significato della Vita.

È cruciale quindi riconoscere il rischio e l'unica soluzione rimane la Comprensione: intesa come profondo capire e non serve altro.

<u>Quelli che ti appaiono convincimenti granitici come il marmo sono in realtà illusioni fatte di ghiaccio: scaldali al fuoco della Comprensione ed otterrai nuovamente la fluidità dell'acqua!!!</u>

E' però necessario ammettere la sconfitta e rifiutarsi di essere ridotti a semplici ingranaggi in una macchina sociale e invece rivendicare il nostro diritto di essere pienamente umani, con tutti i nostri difetti, desideri e sogni.

I tuoi sogni ed anche i tuoi difetti dovrebbero manifestarsi in tutta la loro potenza: e se questo non accade il condizionamento sociale può condurre ad illusioni aberranti della realtà.

Le persone possono essere indotte a credere in concetti o ideologie che non corrispondono alla verità oggettiva, ma che sono perpetuate dalla società per mantenere l'ordine sociale o addirittura aderire a movimenti sovversivi (altrettanto illusori) e queste illusioni possono includere ulteriori idee distorte sulla natura dell'identità, del successo, della felicità e persino della libertà stessa.

I movimenti sovversivi, spesso nascono come reazioni alle limitazioni e alle ingiustizie perpetrate dalla società ma difficilmente possono raggiungere lo scopo promesso e ciò non significa non impegnarsi per il cambiamento: tuttavia mi sembra inefficace una azione che nasce come reazione.

In molti casi, i movimenti sovversivi possono finire per perpetuare delle nuove forme di condizionamento e di illusione. Le promesse di una nuova felicità possono rivelarsi vuote o effimere, poiché spesso si basano su ideali irrealistici o su concetti distorti di libertà e successo.

Invece di liberare veramente gli individui dalle catene del condizionamento sociale, questi movimenti possono semplicemente sostituire un sistema di controllo con un altro.

La vera soluzione per liberarsi dalle illusioni e dai condizionamenti sociali non risiede nell'adesione a movimenti sovversivi o nella ricerca di una rivoluzione esterna, ma piuttosto nella ricerca di una serena trasformazione interiore: e ripeto se-re-na.

Questo significa esaminare in modo critico le credenze che abbiamo "preso in prestito" dalla società e attraverso la **Comprensione serena** è già possibile vedere al di là di ogni illusione ed è facile riconoscere la Verità più profonda e che è già scritta dentro ognuno di noi.

La Verità e la Felicità sono già scritte dentro ognuno di noi ma il problema è che dobbiamo imparare a girare lo sguardo di 180 gradi (ovvero) dall'esterno verso l'interno.

E' necessario comprendere che la felicità e la libertà non possono essere trovate nelle promesse di cambiamenti esterni, ma solo attraverso un processo interiore di consapevolezza e trasformazione.

Invece di cercare una felicità illusoria fuori di noi stessi, la vera felicità risiede nel riconoscere e abbracciare la nostra autenticità e nel vivere in modo conforme alle nostre vocazioni.

Solo allora possiamo sperare di trovare una vera felicità e libertà, al di là delle illusioni e dei condizionamenti imposti dalla società.

In questo contesto, diventa cruciale per gli individui sviluppare un senso critico ed una consapevolezza ed è necessario interrogarsi sulle illusioni e sulle distorsioni perpetuate dalla società nel suo insieme.

Solo attraverso una tale consapevolezza ed un graduale processo di liberazione dai condizionamenti esterni, gli individui possono sperare di raggiungere una vera libertà interiore e di vivere in modo autentico e significativo.

La sfida è riconoscere e superare le illusioni che la società ci presenta, per poter abbracciare pienamente la nostra vera essenza e trovare la vera libertà che risiede dentro di noi.

Capitolo 10:

Gli Errori e le Frustrazioni:

Illusioni della Mente Condizionata

***

In un mondo permeato da condizionamenti sociali ed aspettative esterne, è facile cadere nella trappola di (presunti) errori e delle frustrazioni ingiustificate. Tuttavia, se guardiamo più attentamente, possiamo scoprire che queste illusioni non hanno fondamento reale.

Affinchè vi sia un errore è necessario avere un modello di riferimento e, in buon a sostanza, l'errore è solo la distanza che passa tra il modello di riferimento e l'esecuzione prevista.

Gli errori, spesso visti come fallimenti o segni di debolezza, sono in realtà solo delle deviazioni rispetto alle aspettative imposte dalla società.

Li possiamo considerare come "errori di esecuzione" nel tentativo di conformarsi ai condizionamenti che ci sono stati imposti.

Invece di essere visti come segni di fallimento, gli errori dovrebbero essere considerati opportunità di apprendimento e crescita.

Sono parte integrante del percorso della vita, permettendoci di sperimentare, imparare ed evolverci come individui.

Nella società moderna, gli errori sono spesso demonizzati e visti come segni di debolezza o incompetenza. Tuttavia, questa percezione distorta non tiene conto della vera natura degli errori e del loro ruolo nel nostro percorso di crescita e apprendimento.

Gli errori possono essere considerati come deviazioni rispetto ai percorsi predefiniti della società. Ma invece di essere visti come segni di fallimento, dovremmo considerarli come momenti di originalità dell'individuo che ricerca se stesso.

L'originalità dell'individuo si scontra con il modello predefinito della società che vorrebbe uniformare ogni comportamento per renderlo prevedibile: ma per fortuna esistono gli "errori" e che sono un varco verso strade nuove ed è opportuno ricordare che alcune grandissime scoperte scientifiche sono accadute proprio in virtù degli errori.

Immagina la vita come un grande laboratorio di esperimenti, dove ogni errore è un passo avanti nel processo di scoperta e crescita personale.

Il medesimo errore reiterato è sinonimo si stupidità ma l'errore in sé possiamo considerarlo come il tentativo di esplorare nuove potenzialità rispetto a ciò che già conosciamo.

Se osserviamo una cucciolata potremo notare che alcuni cuccioli sono più intraprendenti di altri e alle volte si mettono nei guai (è vero) però sono encomiabili i loro tentativi di trovare strade nuove rispetto ai cuccioli "tontoloni" ed un essere umano può dirsi morto solo nel momento in cui non oserà tentare nuove strade e con ciò facendo si assume anche il rischio dell'errore.

Quando commettiamo un errore, non dovremmo vergognarcene o cercare di nasconderlo, ma abbracciarlo come un'opportunità per imparare qualcosa di nuovo su noi stessi e sul mondo che ci circonda.

Gli errori sono parte integrante del percorso della vita e (forse) sono la parte più divertente. Ci permettono di sperimentare, di mettere alla prova le nostre capacità e di scoprire i nostri limiti. Sono come segnali lungo il cammino, indicandoci le aree in cui possiamo migliorare e crescere.

Invece di essere giudicati duramente per i nostri errori, dovremmo essere incoraggiati a esplorare nuove strade e ad affrontare sfide che ci spingono al di là dei nostri limiti attuali.

Ogni errore è un'opportunità di adattamento e miglioramento. Ed è proprio attraverso gli errori che impariamo ad essere "essere umani".

Dobbiamo smettere di temere gli errori e di vederli come ostacoli insormontabili. Al contrario, dovremmo accoglierli come parte integrante della Vita e del nostro percorso di crescita e sono lo stimolo che ci induce alla trasformazione.

Solo abbracciando pienamente gli errori possiamo veramente imparare e progredire come individui.

Quindi, la prossima volta che commetterai un errore, non ti sentire abbattuto o scoraggiato.

Guarda invece all'errore come ad una nuova opportunità di crescita e sviluppo personale (senza fretta) e ricorda che ogni errore è solo un altro passo in avanti e verso la versione migliore di te stesso: e tutto dipende dall'utilizzo che saprai fare dell'errore e fin da subito abbandona la frustrazione.

La frustrazione, d'altra parte, è una palude ed è la rassegnazione ingiustificata per la discrepanza tra il risultato desiderato e quello ottenuto.

È una costruzione della mente condizionata che misura il successo in base a criteri esterni e aspettative irrealistiche. Tuttavia, la vera saggezza sta nel riconoscere che la felicità ed il successo non sono legati a risultati specifici, ma derivano dalla gratitudine di ciò che è e dalla gratitudine di poter partecipare al Gioco della Vita: ed è già un privilegio partecipare e non vi sarebbe altro da aggiungere!!!

Per la verità abbiamo poco tempo a disposizione (in quanto) la vita è breve ed è proprio per questo che dobbiamo valorizzare ogni istante.

È importante comprendere che non vi è nulla di irreparabile nella vita. Ogni momento è un'opportunità per iniziare di nuovo, imparare dagli errori passati e progredire verso una maggiore consapevolezza e realizzazione personale.

Gli errori non definiscono chi siamo ma sono solo delle tappe lungo il cammino verso la nostra autenticità e ci stanno conducendo verso il nostro potenziale più elevato.

La vita è una alchimia fatta di cadute e risalite ma è anche una dolce sinfonia fatta di errori e trionfi e l'importante non è "vincere" in una gara che non esiste ma danzare: e se ascolti attentamente vi è una vibrazione di fondo (che gli scienziati chiamano Big-Bang) ma sembra più una melodia.

Come un bambino che impara a camminare, dobbiamo affrontare molte cadute lungo il percorso della nostra esistenza.

Ma, a differenza di quanto accade con i bambini, spesso ci arrendiamo alla frustrazione, dimenticando che ogni caduta è strumentale alla creazione di ogni nuova opportunità e per imparare e crescere.

I bambini sono maestri nell'arte di imparare dalle cadute. Non si scoraggiano di fronte alla prima, seconda o decima caduta.

Anzi, ogni caduta è solo un altro passo verso il successo. Piangono, sì, ma non per la caduta in sé, bensì per il desiderio di non essere ancora riusciti a padroneggiare l'arte del camminare.

Ma poi si rialzano, pronti a riprovare, con la fiducia incrollabile che alla fine ce la faranno.

La fiducia dei bambini è un'inestimabile lezione per noi adulti. Troppo spesso ci lasciamo sopraffare dalla paura del fallimento, dalla vergogna di cadere e dalla frustrazione di non raggiungere i nostri obiettivi. Ma dimentichiamo che ogni caduta è solo un tassello nel mosaico della nostra crescita personale.

Gli errori sono in realtà delle porte che, all'ingresso, sembrano le porte dell'inferno ma all'uscita ti depositano in una nuova realtà e devi pur passarci in mezzo per accedere ad una realtà più elevata.

Quando accettiamo il biglietto per partecipare alla partita della vita, ci impegniamo implicitamente ad abbracciare tutte le sfide e le difficoltà che essa comporta.

Le cadute e le frustrazioni non sono da considerare come ostacoli insormontabili, ma sono parte integrante del vivere.

Vivere significa commettere errori ed in effetti solo i morti non commettono errori: e quindi evviva gli errori.

Dopo una infinità di elucubrazioni un famoso filosofo ha pronunciato la famosa frase "cogito ergo sum" e che significa "penso dunque sono".

Un mistico si è invece rivolto al discepolo ed ha detto "stavo dormendo ed ho sognato di essere una farfalla e adesso mi viene il dubbio che non sono un mistico ma sono una farfalla che sogna di essere un mistico".

Per fortuna noi non siamo filosofi e neppure mistici ma almeno possiamo dire "ho commesso errori e quindi sono vivo".

E' facile distinguere un vivo da un morto: e se commette errori è vivo e se non commette errori ma respira è un morto vivente.

Quando ci troviamo di fronte a una caduta o a una delusione, non dobbiamo soccombere alla disperazione. Dobbiamo guardare dentro di noi e trovare quella stessa fiducia incrollabile che anima i bambini nel loro incessante tentativo di imparare a camminare.

Alle volte potrebbe essere necessario fare una pausa rigenerativa o fermarci a riflettere e va benissimo: e poi riprovare ancora, consapevoli che ogni tentativo ci avvicina un passo più vicino alla nostra realizzazione personale.

Gli errori sono strumentali con i tentativi di elevarsi mentre la frustrazione è una triste costruzione della mente che, prigioniera della propria ambizione, vorrebbe ottenere il risultato che si è prefissata.

Le frustrazioni sono simili a paludi mentre gli errori sono simili a trampolini.

Quindi, quando ti trovi a terra, guarda il cielo e ricorda che ogni caduta è solo un'opportunità per imparare a volare più in alto. Non ti fermare.

Spesso, ci troviamo intrappolati in un ciclo di frustrazione perché ci aggrappiamo a idee rigide su come dovrebbe essere la nostra vita.

Sulla base dei criteri che ci sono stati inculcati abbiamo progettato la nostra vita secondo scadenze prefissate e che potrebbero essere (ad esempio) diploma, laurea, matrimonio, figli e successo professionale: ed è bene inteso che il matrimonio "deve" essere felice ed i figli "devono" essere perfetti e tutti i giorni la famiglia "deve" essere serena e fare colazioni in un tripudio di sorrisi e per poi correre in maniera altrettanto entusiastica verso il ruolo sociale assegnato.

Mancano solo la riga ed il compasso ma, nella sostanza, abbiamo la pretesa di essere i geometri della nostra vita e della vita degli altri.

Ci aspettiamo che tutto vada secondo i nostri piani e quando le cose non vanno come ci aspettiamo, ci sentiamo frustrati e delusi.

Ma questa mentalità limitante ci impedisce di apprezzare la bellezza e la ricchezza dell'esperienza umana.

Per fortuna però l'Universo è completamente disinteressato al nostro (limitante) ideale di felicità.

E come pure il Destino è disinteressato ai "nostri" progetti ridicoli (in quanto) la vera

Felicità risiede nell'accettare che la vita è piena di imprevisti e che non possiamo controllare tutto ciò che accade: o forse non controlliamo proprio niente!

<u>Gli imprevisti sono in realtà la parte più intrigante della Vita stessa e se non vi fossero gli imprevisti e gli errori non avrebbe neppure senso vivere: e non vi sarebbe neppure il regalo che il Destino sta preparando per noi.</u>

Dobbiamo imparare a lasciar andare il bisogno di controllo e accettare con serenità ciò che la vita ci offre: e ricordiamoci che l'Universo non ti concede ciò che pretendi ma ti fornisce quello di cui necessiti per crescere.

Abbandona la frustrazione per accogliere la Fiducia e per rimanere adattabile e flessibile e ben sapendo che le difficoltà sono parte integrante della Vita stessa: ma l'Universo ha sempre una sorpresa per te in arrivo.

Tuttavia potrebbe accadere che dovrai aspettare per scoprire quale Destino l'Universo stava costruendo per te e a tua insaputa.

Ogni momento è un'opportunità per imparare e crescere. Gli errori del passato non definiscono chi siamo, ma ci insegnano preziose lezioni che ci aiutano a diventare persone migliori: e l'atteggiamento corretto sarebbe concludere con una frase carina e che recita *"non era quello che volevo ma era quello di cui avevo bisogno."*

Dobbiamo abbracciare i nostri fallimenti e le nostre imperfezioni, perché sono parte integrante della Vita e del nostro percorso di crescita e realizzazione personale.

Quindi, la prossima volta che ti senti frustrato o deluso dalla vita, ricorda che ogni momento è un'opportunità per iniziare di nuovo.

Accetta ciò che è e concentrati su ciò che puoi fare per migliorare la tua situazione. Trova la serenità nell'accettazione e nella gratitudine per il viaggio della vita, e scoprirai una gioia e una pace che vanno ben oltre le sfide e le difficoltà che incontri lungo il cammino.

Quando abbiamo accettato il biglietto per partecipare alla vita, abbiamo implicitamente accettato sia le vittorie che le sconfitte.

Sono entrambe esperienze preziose che ci insegnano qualcosa su noi stessi e sul mondo che ci circonda.

Non dobbiamo temere gli errori o le frustrazioni, ma abbracciarli come parte integrante del nostro viaggio verso la realizzazione personale e la felicità duratura.

Quando veniamo al mondo, riceviamo un biglietto per partecipare alla partita della vita. Questo biglietto non viene accompagnato da un manuale di istruzioni o da una mappa precisa del percorso da seguire. È un invito a intraprendere un viaggio senza precedenti, fatto di alti e bassi, successi e fallimenti, gioie e delusioni.

Accettare questo biglietto significa accettare che la vita non sarà sempre facile o lineare. Ci saranno momenti di gioia e trionfo, ma ci saranno anche momenti di difficoltà e sconfitta. Tuttavia, ogni esperienza, sia essa positiva o negativa, porta con sé una lezione preziosa.

Le vittorie ci insegnano fiducia e gratitudine. Ci mostrano il potenziale che risiede dentro di noi e ci incoraggiano a perseverare nei momenti difficili.

Ma sono le sconfitte e gli errori che ci offrono le lezioni più importanti.

Quando commettiamo errori, spesso ci sentiamo scoraggiati e delusi. Ma dobbiamo imparare a vedere gli errori come opportunità di crescita e trasformazione.

Ogni errore è un passo verso una maggiore consapevolezza di sé e la Comprensione ci libera dalla prigione delle aspettative esterne e ci permette di vivere con più leggerezza e libertà.

Non dobbiamo essere schiavi delle illusioni della mente condizionata, ma possiamo essere padroni del nostro destino, abbracciando pienamente ogni aspetto del nostro essere e del nostro cammino di vita.

Capitolo 11:

Ritrovare La Propria Autenticità:

Attraverso La Creatività

***

La vita non è un bilancio da equilibrare. Non ha senso ridurla a un processo di accumulo ossessivo, in cui contiamo i secondi come se fossero monete preziose da mettere nel nostro salvadanaio del tempo. Questo non è vivere; è esistere in una sorta di stasi, in cui il valore della nostra esistenza è misurato solo in termini di produttività ed obbiettivi futuri: una tortura!

Ma la vita è molto più di un elenco di cose da fare e di obiettivi da raggiungere. Non è una corsa contro il tempo, in cui ogni momento è contato e ogni istante è un'opportunità persa.

No, la vita è un fluire costante di esperienze, un'opportunità infinita di scoprire, crescere e creare ed anche attraverso gli errori.

Tuttavia, troppo spesso ci troviamo intrappolati in un ciclo di accumulo ossessivo, in cui cerchiamo di raccogliere sempre più, pensando che il successo e la felicità dipendano da ciò che possediamo o da ciò che otteniamo. Ma questa è un'illusione pericolosa, un inganno che ci allontana sempre di più dalla vera essenza della vita.

Vivere non significa accumulare beni materiali o raggiungere traguardi prestabiliti. Non significa contare i soldi nel nostro conto in banca o i titoli sul nostro curriculum. Vivere è molto di più. È respirare profondamente l'aria fresca del mattino e sentire il sole sulla nostra pelle. È ridere ed ammirare la bellezza di un tramonto e lasciarsi trasportare dalla magia di ogni momento.

Ridurre la vita a un processo di accumulo è un insulto alla sua vera natura. È negare la bellezza e la complessità del presente, focalizzandoci solo su ciò che potremmo avere in futuro. Ma la verità è che il futuro è solo un'illusione, un miraggio lontano ma che ci distrae dal vivere pienamente il momento presente.

Dobbiamo liberarci da questo inganno, da questa convinzione distorta che il nostro valore sia determinato da ciò che possediamo o da ciò che facciamo. Dobbiamo imparare a riconoscere la vera ricchezza della vita, che risiede nella nostra capacità di amare, di condividere, di creare e di essere autentici.

Quindi, rompiamo le catene dell'accumulo e abbracciamo la libertà di vivere pienamente ogni istante. Riconosciamo il valore intrinseco della vita e smettiamo di misurare il nostro successo in base a standard esterni. Siamo qui, ora, e questo è tutto ciò che conta veramente. Viviamo con gratitudine, gioia e consapevolezza, e scopriremo che la vera felicità risiede nel semplice atto di essere vivi.

La creatività, invece, è l'alternativa alla prigione della routine e della banalità. È il nostro fluire naturale contro un sistema che ci vuole conformi e consumatori passivi di sogni prefabbricati.

La mente è artificiale mentre la Creatività esiste già e non deve essere inventata: tuttavia devi fare lo sforzo di rimuovere i muri della mente (che sono il vero ostacolo) ma la Creatività è già insita in ogni essere umano e ci permette di rompere le catene dell'ordinario prestabilito e per abbracciare l'eccezionale e l'infinito.

Potrà sembrarti strano ma l'infinito è contenuto in ogni istante presente e, prova a pensarci, che quando scoppi un una risata fragorosa o fai l'Amore accade semplicemente che "scendi" dalla linearità del tempo per come la mente lo intende ed accedi all'infinito.

Il tempo è una costruzione della mente ed è una esperienza che tutti abbiamo provato e quando permettiamo al momento presente di accadere scompare il tempo ed appare l'infinito: ed ecco il vero motivo per cui è bello ridere e fare l'Amore (perché scompare il tempo!).

La creatività è la nostra voce interiore in un mondo che cerca di imprigionarci in schemi predefiniti e rutine opprimenti e non è una ribellione ma è un flusso incontenibile di energia vitale e che ci sospinge oltre i confini dell'ordinario.

La mente, ahimè, è un'entità artificiale, un costrutto limitante che ci tiene prigionieri dei suoi muri invisibili. È il vero nemico della creatività, il custode della mediocrità che cerca di soffocare il nostro potenziale di Infinito.

La mente è l'introiezione della società con i suoi modelli preconfezionati mentre la creatività è già dentro di noi, pronta a esplodere in una sinfonia di colori e forme, di suoni e sensazioni.

Non è qualcosa da inventare o da imparare, ma qualcosa da riscoprire e da liberare. È il fuoco sacro che brucia nel cuore di ogni essere umano, pronto a incendiare il mondo con la sua bellezza e la sua verità.

L'infinito, strabiliante concetto che ci sfugge dalle mani come la sabbia tra le dita, è invece racchiuso in ogni momento presente.

Quando ridiamo o ci immergiamo nell'estasi dell'amore accade che squarciamo l'illusione del tempo e ricadiamo in una dimensione che appare nuova: ma è quella la dimensione del Reale!

In quel momento, il tempo stesso si dissolve e ci ritroviamo immersi nell'infinito e nell'eternità di un istante che rimarrà con noi per sempre.

Ma questo dono divino è spesso nascosto dietro veli di ignoranza e superficialità, di distrazioni e preoccupazioni.

Dobbiamo sforzarci di rimuovere questi veli, di spezzare le catene della mente e di abbracciare la nostra creatività innata. Solo allora potremo sperimentare veramente l'infinito che risiede in ogni singolo istante.

La creatività è (nel contempo) la soglia ed il fluire che ci permette di accedere all'infinito.

Non dobbiamo temere di abbandonarci a essa, di lasciarci trasportare dal suo flusso irresistibile. È solo attraverso la creatività che possiamo veramente assaporare la pienezza della vita e immergerci nell'oceano infinito dell'esistenza.

Ma la creatività non è solo dipingere quadri o scrivere poesie. È molto di più. È il modo in cui permettiamo alla vita di scorrere "attraverso di noi" ed è la nostra capacità di immaginare e creare le nostre esperienze, anziché accettare passivamente quelle che ci vengono imposte dall'esterno.

È la nostra capacità di reinventare noi stessi e il mondo intorno a noi, di trovare bellezza e significato anche nelle piccole cose di tutti i giorni.

La creatività è l'essenza stessa della nostra esistenza, non limitata alla tela bianca o alla pagina vuota, ma permeante di ogni fibra del nostro essere.

È il battito del cuore che ci spinge oltre la mediocrità, la forza vitale che ci consente di trasformare ogni momento in un capolavoro.

È il modo in cui permettiamo alla vita di fluire attraverso di noi, di danzare con l'energia dell'universo. È la nostra capacità di plasmare il mondo intorno a noi con la potenza della nostra immaginazione, di creare le nostre esperienze anziché subire quelle che ci vengono imposte dall'esterno.

La creatività è la rivoluzione silenziosa che ci libera dalle catene della routine e della conformità. È il nostro modo di reinventare costantemente noi stessi e il mondo intorno a noi e di trasformare la monotonia in magia.

Non dobbiamo temere di abbracciare la creatività in ogni istante della nostra esistenza. È attraverso di essa che possiamo veramente assaporare la pienezza della vita, immergerci nell'infinito oceano dell'esistenza e scoprire la vera essenza di chi siamo.

Non lasciamo che la creatività sia relegata a un angolo della nostra vita; lasciamo invece che diventi il motore che ci guida verso la realizzazione dei nostri sogni più audaci e la manifestazione della nostra autenticità più profonda.

La verità è che la felicità vera non si trova nell'accumulo di beni materiali o nel perseguimento di traguardi esteriori.

È qualcosa di più profondo, più autentico. È la gioia che proviamo nel momento presente, nell'essere pienamente immersi nell'esperienza del vivere. È quella sensazione di libertà e pienezza che ci pervade quando ci lasciamo andare alla creatività e all'autenticità del nostro essere.

Pur rimanendo condivisibile ogni "sana" progettualità e senza la quale non potremmo neppure sopravvivere dobbiamo Comprendere che la felicità autentica non si trova all'esterno e neppure in un (ipotetico) futuro fatto di sogni.

La felicità è già scritta nell'anima umana ed accade nel momento stesso in cui ci immergiamo completamente nell'esperienza del vivere.

La felicità non è qualcosa che si può comprare o raggiungere esternamente. È una risorsa interna, una scintilla divina che risplende dentro di noi quando ci apriamo al flusso della vita.

È nel semplice atto di respirare profondamente, nel contemplare la bellezza di un tramonto, nel ridere di cuore con gli amici, nel creare qualcosa di bello con le proprie mani.

Troppo spesso ci perdiamo nella ricerca di piaceri effimeri e gratificazioni superficiali, dimenticando che la vera felicità risiede nella semplicità e nell'essenza stessa del vivere. È nel momento in cui ci permettiamo di essere pienamente presenti, di abbracciare ciò che siamo e ciò che ci circonda, che possiamo veramente assaporare la gioia autentica e duratura.

Non dobbiamo cercare la felicità altrove, in qualche luogo lontano o in qualche momento futuro immaginato dalla mente.

È qui, dentro di noi, ora, nel battito del nostro cuore, nel respiro che alimenta il nostro corpo, nel sorriso che illumina il nostro volto.

È solo una questione di aprire gli occhi e il cuore per riconoscerla, di abbracciare la semplice gioia del vivere con gratitudine e consapevolezza e quindi, non sacrificare il presente in nome di un'idea di felicità futura.

Non aspettare che arrivi quel giorno speciale in cui finalmente avrai tutto ciò che desideri perché potrebbe non arrivare mai o (peggio ancora) potrebbe arrivare ma per poi accorgerti che niente è per come l'avevi immaginato.

La vita è qui e ora, e il momento migliore per essere felici è proprio adesso. Abbraccia la tua creatività, libera la tua mente dalle catene dell'accumulo e della falsa felicità, e scopri la gioia di essere veramente te stesso.

Non c'è tempo da perdere! La felicità non è qualcosa che puoi mettere da parte per un domani che potrebbe non arrivare mai. Non aspettare il momento perfetto e ricorda che non esiste il momento perfetto!

La vita è qui e ora, e devi afferrarla con entrambe le mani. Abbandona l'illusione di una felicità futura basata su beni materiali e traguardi esteriori.

Libera la tua mente dalle catene dell'accumulo e della superficialità! Sii audace, sii coraggioso! La gioia autentica si trova solo nell'essere pienamente te stesso, nel vivere con creatività e autenticità in ogni istante.

Non rinviare la tua felicità, perché il momento migliore per essere felici è ADESSO!

leggi questa storiella...

C'era una volta un uomo d'affari che aveva passato tutta la sua vita in una frenetica corsa verso il successo e la ricchezza. Fin da giovane, si era immerso nel mondo degli affari, dedicando tutte le sue energie a scalare la piramide del potere e dell'accumulo di ricchezza.

L'uomo d'affari aveva raggiunto alte vette nel suo campo, accumulando una vasta fortuna e un grande prestigio. Ma mentre raggiungeva la cima della sua carriera, si accorse improvvisamente di essere circondato da vuoto e insoddisfazione. Nonostante tutti i suoi successi materiali, sentiva che mancava qualcosa di fondamentale nella sua vita.

Un giorno, mentre si trovava nella sua sontuosa villa circondata da lussureggianti giardini, l'uomo d'affari si guardò intorno e si rese conto di essere prigioniero delle sue stesse progettualità.

Aveva passato così tanto tempo a costruire il suo impero finanziario che aveva dimenticato la bellezza della creatività e l'autenticità del vivere.

Decise allora di prendersi una pausa dalla sua frenetica routine e di dedicare del tempo a se stesso. Si immerse in attività creative che una volta amava ma che aveva trascurato nel corso degli anni: dipinse paesaggi, scolpì sculture, scrisse poesie.

Con ogni pennellata e ogni parola scritta, sentiva che il peso delle sue responsabilità si allontanava, e la sua mente tornava a risplendere di luce e ispirazione.

Ma c'era qualcosa di ancora più prezioso che l'uomo d'affari scoprì durante questo periodo di riflessione: l'importanza di vivere nel momento presente. Mentre si dedicava alle sue attività creative, imparò a lasciarsi andare al flusso della vita, ad apprezzare la bellezza del qui e ora. Scoprì che solo nel presente poteva veramente trovare la pace e la serenità che tanto desiderava.

Con il passare del tempo, l'uomo d'affari ritrovò la gioia e la bellezza che aveva perso. Scoprì che la vera ricchezza non risiedeva nei suoi beni materiali, ma nella capacità di esprimere se stesso attraverso la creatività e l'autenticità, vivendo pienamente nel momento presente.

E così, pur rimanendo un ottimo uomo d'affari, iniziò nel contempo a vivere una vita più piena e soddisfacente, libera dalle catene delle sue progettualità passate, abbracciando ogni istante con gratitudine e consapevolezza.

Capitolo 12

Un Incidente Necessario

***

Il nostro viaggio è partito dalla premessa *"Immagina di osservare due bambini giocare spensieratamente sulla spiaggia. Sono immersi nel momento presente e sorridono mentre raccolgono conchiglie ed ascoltano il suono delle onde del mare.*

In quel momento, sono in totale connessione con l'Universo, senza alcuna preoccupazione per il futuro o rimpianto per il passato. Questa è l'innocenza originaria e la capacità di vivere pienamente nel presente e sono liberi da condizionamenti esterni."

Ed abbiamo poi esplorato alcuni meccanismi che portano alle illusioni della mente e che rimane poi imprigionata nei ruoli della società.

Tutto ciò premesso (ricorda) che non è "colpa" della società e neppure "colpa" tua ma la verità è che siamo in un processo in divenire e non ci sono colpe e neppure nemici da combattere ma la chiave di tutto si chiama Comprensione

La semplice Comprensione è sufficiente a sciogliere "i nodi di ghiaccio" delle tue convinzioni e questa è una tua libera scelta!

Comunque: mi sono interrogato a lungo sulla necessità di questo apparente conflitto di interessi tra società ed individuo…

…e dopo attenta riflessione possiamo concludere che è un "incidente necessario" e senza incidente non ci sarebbe liberazione.

Come un leone a cui viene privata la libertà possiamo solo ringraziare di essere caduti nelle maglie della "ipnosi collettiva" in quanto ora conosciamo l'orizzonte oscuro della prigionia e questo (per ciò stesso) dona risalto alla Luce della Libertà ritrovata.

Forse si potrebbe insegnare fin da subito che l'identità e la personalità ed i condizionamenti sono (solo) gli strumenti necessari per muoversi nel mondo materiale.

Forse si potrebbe spiegare alle giovani menti che la Realtà non può essere ricondotta a schemi predefinititi ed è molto più complessa di come appare e che solo noi siamo i responsabili della Nostra Fioritura.

Forse un giorno accadrà: ma (al momento) ritengo che ogni "insegnamento" in tal senso sarebbe comunque una verità somministrata e non potrebbe assurgere ad una Verità scoperta e che conduce alla Libertà e quindi ritengo che "l'ipnosi collettiva" è un incidente necessario e strumentale alla realizzazione di ogni essere umano ed una frase carina recita che: *"bisogna perdersi per ritrovarsi."*

Leggi questa storiella…

C'era una volta un vecchio saggio che insegnava ai suoi allievi l'importanza di vivere nel momento presente. Un giorno, durante una lezione, disse loro: "Per dimostrarvi quanto sia essenziale vivere nel momento presente, vi racconterò una barzelletta".

"Un uomo va dal suo medico e si lamenta: 'Dottore, mi sento così stanco e depresso tutto il tempo. Non riesco mai a godermi il presente, mi sento sempre preoccupato per il futuro'."

"Il medico lo guarda e risponde: 'Beh, ho la soluzione perfetta per te. Vai al circo questa

sera e guarda il funambolo che cammina sul filo.

Sarà un'esperienza che ti insegnerà a concentrarti sul momento presente'."

"L'uomo, non molto convinto, decide comunque di seguire il consiglio del medico e va al circo e durante lo spettacolo, rimane incantato."

"Dopo lo spettacolo, l'uomo torna dal medico visibilmente cambiato. 'Dottore, devo ringraziarla!

Guardare il funambolo mi ha insegnato quanto sia importante vivere nel momento presente. Ora mi sento più leggero e meno preoccupato per il futuro'."

"Il medico sorride e gli risponde: 'Vedi? Ti ho detto che sarebbe stata un'esperienza illuminante.

Ma dimmi, cosa hai imparato guardando il funambolo?'"

"L'uomo, con un'espressione seria, risponde: 'Ho imparato che se non vivo nel momento presente, potrei cadere dal filo della Vita e prima ancora di iniziare a camminare!'"

E così, con una lezione dal circo, l'uomo capì l'importanza di vivere nel momento presente e continuò a pianificare la propria vita...

...ma (nel contempo) iniziò a godersi ogni istante della sua vita e senza eccessive preoccupazioni per il futuro e ben sapendo che...

...<u>tutto ciò che non poteva controllare era già stato affidato all'Universo e per ciò stesso sarebbe stato Perfetto!</u>

I tuoi appunti:

* 9 7 9 8 8 8 3 8 1 1 5 7 8 *